# 仇討ちはいかに禁止されたか？

「日本最後の仇討ち」の実像

濱田浩一郎



星海社

278

SEIKAISHA
SHINSHO

はじめに

# 忠臣蔵と高野の仇討ち

時は元禄《げんろく》十五年（一七〇二年）十二月十四日の夜半、旧赤穂《あこう》藩《はん》士・大石内蔵助良雄《おおいしくらのすけよしお》ら四十七士は、江戸本所松坂町の吉良《きら》上野介義央《こうずけのすけよしなか》の邸内に乱入し、吉良を討《う》ち取った（四十六士との説もあり）。この事件は「忠臣蔵《ちゅうしんぐら》」として広く語り継がれている。

しかし、「もう一つの忠臣蔵」と呼ぶべき事件が、赤穂事件勃発（一七〇一年）から百七十年が経った明治四年（一八七一年）二月にあったことは、あまり知られていない。

幕末の政争に巻き込まれて、同じ藩の下級武士らにより惨殺された赤穂藩の参政（執政の次位にあって政治に参与する職）である村上真輔《むらかみしんすけ》の仇《かたき》を取るべく、明治の御代になり、真輔の子供たちの池田農夫也《のぶや》・村上四郎・行蔵・六郎らが立ち上がった高野の仇討《あだう》ちがそれである。彼らにも赤穂浪士と同じく、仇討ちまでに様々な困難が降りかかった。彼らはどのようにして、紀州高野山麓において、高野の仇討ちを実現して父の仇を取ったのか。本書はこの、知られざる「もう一つの忠臣蔵」、高野の仇討ちの顚末《てんまつ》を描いたものである。

忠臣蔵を知らない読者もいるかもしれないので、最初に軽く赤穂事件をおさらいしよう。「忠臣蔵」で描かれる赤穂事件のそもそもの発端は、江戸幕府の儀式・典礼を司る高家であった吉良上野介が、前年三月十四日、播州赤穂藩主・浅野内匠頭長矩《たくみのかみながのり》に、江戸城中において斬り付けられたことだった。

長矩がなぜ吉良に刃傷《にんじょう》に及んだかは謎であるが、遺恨説や乱心説などがある。長矩は勅使の供応役に任命されていたが、その指導は吉良が担っていた。勅使が到着する直前に、長矩は、江戸城本丸の松之大廊下で、吉良に斬り付けたのであった。吉良は軽傷を負うも命に別状なく、幕府からの咎めもなかった。一方、長矩は、激怒した五代将軍・徳川綱吉により、即日切腹を命じられる。藩主切腹だけでなく、赤穂浅野家は改易《かいえき》（所領没収）となった。浅野家に仕えていた武士らは、皆、浪人となったのである。

そして元禄十五年七月、長矩の弟・長広の広島藩への預かりが決まり、御家再興の希望は潰えた。赤穂藩の家老であった大石内蔵助は、長広による浅野家の再興が叶わなかった際に、主君の恥辱を雪ぐため、吉良への仇討ちを考える。そして、ついに吉良邸への討ち入りが実行された。吉良の首を取った赤穂浪士は「公儀（幕府）を恐れざる段重々不届き」

として、切腹を命じられる。元禄十六年二月のことである。

いわゆる赤穂事件はこれで終結したが、主君の仇を辛苦の末に取った赤穂浪士は死して後、義士として大衆の人気を博し、赤穂事件を題材とした歌舞伎・小説・時代劇（忠臣蔵）は今に至るまで量産されている。


一方で、高野の仇討ちについては「日本最後の仇討ち」とする見解がある。高野の仇討ち（明治四年＝一八七一年）の二年後に「仇討ち禁止令」が明治政府から発令されているが、高野の仇討ちが発令の契機になったと考えられていたからだ。

もっとも厳密に言うと、「あとがき」で述べるように、明治十三年（一八八〇年）十二月に起きた臼井六郎による仇討ちこそ「最後の仇討ち」とする見解が有力となっている。

しかし、高野の仇討ちは、それまで仇討ちを公認していた明治政府に、封建法への明確な意思表示を迫る一大事件であった。『赤穂市史』第3巻は、この事件を「政府に復讐に対する意思表示を迫った」と評価している。封建法から近代法へ――高野の仇討ちが一つの機縁となり「仇討ち禁止令」の発令に至ったことが、この仇討ちの歴史的意義と言えよう。

そもそも、江戸時代の社会において仇討ちはどのような位置付けにあったのだろうか。

江戸時代は天下泰平、社会の秩序が整うとともに儒教や武士道が盛んで、仇討ちは、封建的道徳（主君への忠義や親への孝行）や武士道の観念から黙認もしくは推奨されていた。目上の者が殺された場合のみ仇討ちが許され、親が子の仇を討つ、兄が弟の仇を討つのは違法だったが、子や弟のための仇討ちというものも存在はした。

仇討ちは、手前勝手に行うことはできず、本来は、許可が必要であった。江戸市中においては町奉行、京都では京都所司代、地方では大名・領主に願い出て、領主は幕府へ届け出なければならなかった。仇討ちは敵の居場所次第で突発的にどこで行われるか分からず、天領（幕府領）で行われるかもしれないし、それ以外の藩地かもしれない。どこで仇討ちが行われても騒然としないように、前もって幕府などの許可を得ておく必要があったのである。幕府は仇討ちを願い出た者の姓名や年齢などを御帳に書き留めるが、こうした手続きをせずに仇討ちを敢行した場合は、違法となった。しかし、無届けの仇討ちであっても、それが「真の仇討ち」であることが判明すれば、最終的に罪に問われることはなかった（仇討ちでもないのに、殺人の罪を誤魔化すために、仇討ちと称するのは「偽の仇討ち」である）。

仇討ちというと、武士が行うように思われるかもしれないが、必ずしもそうではなく、町人や百姓による仇討ちも江戸時代には行われた。仇討ちは男性の専売特許ではなく、姉妹が父の仇を討つなど女性も遂行した。また、成人のみならず、成人前の子供が仇討ちを行うこともあった。年齢・性別の如何を問わず仇討ちは行われ、江戸時代において、その数は、百を超えるとされる。そのなかでも、特に有名な仇討ちが、前述の赤穂浪士による討ち入り（忠臣蔵）であろう。

本書で扱う高野の仇討ちは、大石内蔵助らの仇討ちから一世紀半が過ぎた幕末維新の時代に起きており、日本全国が尊王《そんのう》か佐幕か、攘夷《じょうい》か開国かに大きく揺れた時代ゆえの武士たちの葛藤がつぶさに見えて興味深い。この事件から窺《うかが》える価値観の変化は、近代日本の素描と言ってもよいのではないだろうか。

赤穂城を散策した際、二の丸門跡の看板に「高野の仇討ち」の文字があり、同事件に関心を持ったことが、本書執筆の直接要因である。忠臣蔵なら誰でも知っているが、赤穂藩士が関与した知られざる高野の仇討ちとは具体的にどのような事件だったのか。好奇心が湧き上がって、一書を成すことになった。

それではいよいよ、「日本最後の仇討ち」、高野の仇討ちを見ていこう。

目次

## 第2章 文久事件への道

## 第3章　惨劇！文久事件　71

第4章

# 暗殺者と被害者の軌跡　97

## 第7章　高野の仇討ち　167

## 主要登場人物一覧

**森忠徳《もりただのり》**
赤穂藩十代藩主。正室を離別し、町人の娘・花江《はなえ》を側室として寵愛した。

**森忠弘《ただひろ》**
森忠徳の嫡子。赤穂藩の財政再建に着手しようとする。

**森続之丞《つぐのじょう》（続磨《つぐま》）**
赤穂藩家老（江戸家老）。下級藩士の鞍懸寅二郎《くらかけとらじろう》を重用し、藩政改革を行おうとする。

**森主税《ちから》**
赤穂藩家老（国家老）。森続之丞一派と対立する。村上真輔に儒学を師事する。

**村上《むらかみ》真輔《しんすけ》**

赤穂藩の参政、儒学者。国家老・森主税を補佐するも、尊攘派の下級藩士に襲撃される。

**河原《かわはら》駱之輔《らくのすけ》**

村上真輔の次男。河原家の養子となる。藩の財政改革に当たるべく、要職に起用される。

**鞍懸《くらかけ》寅二郎《とらじろう》**

赤穂藩下級藩士の子として生まれるも、森忠弘や森続之丞の信任を得て藩政改革を行おうとする。

**村上直内《なおち》・池田農夫也《のぶや》・村上四郎《しろう》・行蔵《こうぞう》・六郎《ろくろう》**

村上真輔の子供たち。直内は長男。農夫也は三男。四郎は四男。行蔵は五男。六郎は六男。彼らは父の仇を討つべく奔走する。

**江見《えみ》陽之進《ようのしん》**（**鋭馬《えいま》**）

備前岡山藩士。村上真輔の四女・友を妻とする。父の仇を討つべく尽力する村上家の子供たちを支える。

**西川升吉《にしかわますきち》**

赤穂藩の下級藩士。尊攘派志士。藩論を尊王攘夷に導こうとし、藩上層部と対立する。河原駱之輔の弟子。

**八木源左衛門《やぎげんざえもん》・山本隆也《やまもとりゅうや》・西川邦治《にしかわくにじ》・吉田宗平《よしだそうへい》・田川運六《たがわうんろく》・山下鋭三郎《やましたえいざぶろう》**

赤穂藩の下級藩士。西川升吉の一派。高野山に向かう途中、村上真輔の遺族に仇討ちされる。

**山下恵助《やましたけいすけ》・野上鹿之助《のがみしかのすけ》・松本善治《まつもとぜんじ》・濱田豊吉《はまだとよきち》**

赤穂藩の下級藩士。西川升吉の一派。

第1章

# 幕末赤穂藩の政変劇

## 赤穂藩主・森忠徳の妻たち

元禄十四年（一七〇一年）三月、赤穂藩主・浅野長矩の殿中《でんちゅう》刃傷により、浅野家（約五万石）は改易となった。赤穂城は一時、龍野《たつの》藩主の脇坂《わきさか》氏が預かるが、同年、下野《しもつけ》国烏山《からすやま》藩（栃木県那須烏山市）から、永井直敬《ながいなおひろ》が入部する。赤穂は永井氏が治めることになったのだが、五年後の宝永《ほうえい》三年（一七〇六年）、永井氏は信濃国飯山藩（長野県飯山市）に転封され、備中国西江原藩（岡山県井原市）から、森長直《ながなお》が入部する。ちなみに、森家の藩祖・森忠政《ただまさ》は、本能寺の変（一五八二年）で織田信長に殉じた森蘭丸《らんまる》・坊丸・力丸兄弟の末弟である。

赤穂に入った森家は、廃藩置県（明治四年＝一八七一年）までの百六十五年間、十二代に亘り、赤穂藩主として君臨した。本書でこれから述べていく高野の仇討ちの契機となったのは、文久《ぶんきゅう》事件（一八六二年）という幕末の赤穂で起きた凄惨な暗殺事件である。文久事件は、藩内の政争が絡んでいたのだが、その政争の端緒は十代藩主・森忠徳の治世の出来事にあった。よって、高野の仇討ちは、その端を、忠徳の時に発すると説《と》く書物もある（例えば、筏水処『高野の復讐《ふくしゅう》明治秘史』一九二四年。この文献の記述は本書内で幾度も参照するが、以下『高野の復讐』と略記する）。

文化七年（一八一八年）三月に、森忠敬の子として誕生した忠徳が赤穂藩主となったのは、文政七年（一八二四年）八月のことであった。一八三七年、忠徳は常陸《ひたち》国笠間《かさま》城主・牧野貞一の妹を正室に迎えたが、翌年その女性は死去してしまう。

天保十年（一八三九年）、忠徳は、肥前《ひぜん》国唐津《からつ》藩主・小笠原長昌の娘を新たに正室とした。が、天保十二年（一八四一年）に死去する。小笠原氏の娘は、死の前年（一八四〇年）には、忠徳との間に長男・勝蔵（忠弘）を儲《もう》けていた。

継室の死の二年後、忠徳はまた新たな正室を迎える。それが、安房《あわ》国勝山藩・酒井忠嗣の娘であった。忠徳と酒井氏の娘との間には、蘭丸、遊亀丸、扇松丸という三人の男子が生まれている。蘭丸は弘化《こうか》三年（一八四六年）に、遊亀丸は弘化四年（一八四七年）、扇松丸は嘉永《かえい》三年（一八五〇年）に生まれている（蘭丸は嘉永三年に死去）。

しかし、何を思ったか、忠徳は妾《めかけ》（側室）を抱えるのだ。その妾は、江戸の町人の娘であり、花江《はなえ》といった。

忠徳の寵愛を得た花江は、傍若無人な振る舞いをしたという。奥向きのことのみならず、人事にまで花江が介入したという話も残っている。忠徳は花江の色香に迷ったか、正室である酒井氏の娘を離別してしまう。忠徳と花江との間には、安政《あんせい》四年（一八五七年）に徳丸が生まれている。

その安政四年には、忠徳の嫡男・忠弘が江戸藩邸から赤穂城に帰城することになった。

忠弘は若年ながら、学問を好み、英邁《えいまい》な人物であったようだ。幼年に生母（小笠原氏の娘）を亡くした忠弘を、忠徳の母・法雲尼が可愛がったという。

## 江戸と赤穂——森家の家臣団

江戸に住まう忠弘の御守役となり江戸の赤穂藩家臣を束ねたのが、年寄格の森続之丞（名は可則）であった。続之丞はその苗字から分かるように、藩主の一門の出である。才智が優れていたという続之丞のもとには、吉村牧太郎や入江新之丞などの配下が集った。また、西川瀬左衛門・斎木衛門七（いずれも定府用人役）、小川平左衛門（勘定奉行）らが定府詰（江戸屋敷に常勤すること）を承っていた。赤穂藩森家の上屋敷は、現在の東京都港区浜松町にあった。

一方、国元（赤穂）にも家臣団が存在した。その筆頭（首席家老）が森内膳《ないぜん》であったが、その頃は既に老年であった。内膳の次に位置したのが次席家老の各務兵庫。この各務兵庫の家は赤穂藩主も輩出した家柄で、森続之丞とは義兄弟の関係にあった。各務兵庫の下（三席）には森衛守。そして四席に、森主税がいた。森主税は、学問や武術を修め、快活な性質もあって、執政（家老の異称）として藩の政務を執り仕切るほどの力があった。

## 赤穂藩儒・村上中所と真輔

国元の四番手である森主税の学問の師が、高野の仇討ちの引き金となる文久事件で暗殺された村上真輔である。真輔は、村上勤（号は中所）の子として、寛政十年（一七九八年）に京都で生まれる。村上家は、森家譜代の家臣であった。中所は、儒者で赤穂藩の家老も務めた赤松滄洲《あかまつそうしゅう》（一七二一〜一八〇一）の門下で、神吉東郭《かんきとうかく》とともに赤松門下の双璧と呼ばれるほどの逸材だった。中所は赤穂藩六代藩主の森忠興に近侍《きんじ》し、江戸藩邸にて仕えていたが、ある時、主君を諫《いさ》め、それが聞き入れられなかったことが要因となり、官を辞す（一七七八年）。二十二歳の頃であった。

その翌年、中所は都に上り、一七七九年に儒学者・岩垣龍渓《いわがきりゅうけい》の門下となる。龍渓は私塾・遵古《じゅんこ》堂を開いていた。中所は龍渓の私塾・遵古堂の講師となり、近衛《このえ》家で進講することもあった。その近衛家の侍女と中所は結ばれ、その間に生まれたのが村上真輔だ。

真輔が二歳の時、父・中所は赤穂藩に再仕し、幼い真輔も赤穂に赴《おもむ》く。赤穂藩では七代藩主の森忠賛《ただすけ》が当主となっていた。帰藩した中所は、藩学教授となり、重臣の列に加わる。参政という重職に就いた中所は、森忠賛・忠哲《ただあきら》（八代藩主）・忠敬（九代藩主）・忠徳（十代藩主）という歴代藩主に重んじられ、弘化元年（一八四四年）に没した。八十八歳という長寿であった。

　中所の子・村上真輔は、父母より厳格な教育を受け、その甲斐あって、十三歳の頃には、儒教の書物や歴史書を誦《そらん》じたといい、神童と称された。十六歳の時、京に上り、父・中所の弟弟子である岩垣龍渓門下の岡田南涯・猪飼敬所《いかいけいしょ》に師事した。

　文政七年（一八二四年）には、詮道丸（後の十代藩主・森忠徳）の近侍・侍読《じどく》を命じられる。そして、真輔は赤松滄洲門下の俊秀・神吉東郭の長女（従子）を娶り、御書翰御側役・寺社町郡奉行などを務め、天保六年（一八三五年）、中所の隠居に伴って家督を相続する。天保十二年（一八四一年）には、藩の用人役（参政）兼藩学教授という然《しか》るべき立場となるのであった。

　真輔は、妻・従子との間に、六男四女を儲けた。嫡男は忠弘の御側頭兼侍読を命じられていた直内で、他に次男は駱之《らくの》輔《すけ》（助）、三男は農夫也、四男は四郎、五男は行蔵、六男は六郎。長女は順（藩儒・神吉良輔に嫁ぐ）、次女は節（播州新宮の旗本・池田家の家臣・水谷勘右衛門潜蛙に嫁ぐ）、三女は淑（赤穂藩士・津田蔀に嫁ぐ）、四女は友（岡山藩に仕える江見陽《えみよう》之進《のしん》に嫁ぐ）といった。真輔とその息子たちは、後に幕末の動乱にその身を翻弄《ほんろう》されることになるのである。

## ペリー来航と幕末政局

ここで、当時の日本全体の様子も振り返っておこう。当時の日本で大きな勢いを持っていた尊王攘夷運動への是非が、赤穂藩をはじめとする諸藩で内紛の火種となっていくからだ。

さて、嘉永六年(一八五三年)六月三日、幕末動乱の端緒《たんしょ》となる一大事件が起こる。黒船と呼ばれるアメリカのペリー艦隊が浦賀《うらが》(神奈川県)に来航したのだ。

ペリーは徳川幕府に開国を迫る米国大統領国書をもたらした。日本と友好関係を結び、交易を行うこと、アメリカ船舶の食料や燃料の補給、避難船の救助のために日本の港を開かせることが、来航の目的であった。幕府は大統領国書は受け取ったものの、要求への回答は後日ということにして、先延ばしを図った。

ペリーは、翌年(一八五四年)一月に再来航する。武力を背景にしたペリーの態度は強硬であり、幕府は要求を撥《は》ね付けることはできず、ついに三月三日、日米和親条約を締結させられたのであった。条約の内容は、下田・箱館の開港・漂流民の救助・寄港船への燃料食糧などの供給などである。

これは日本開国の第一歩であり、幕府は同様の条約をイギリスやロシア・オランダなどと結ぶことになる。一度目のペリー来航の直後、幕府は今回の出来事を国家の一大事として、その対応策を諸大名や幕府有司《ゆうし》にまで広く諮問《しもん》している。これは幕府独裁制の緩和と定義することができ、幕府の権威を低下させる一つの要因になったと言えよう。

安政三年（一八五六年）、和親条約により、タウンゼント・ハリスがアメリカの初代総領事として下田に着任する。彼の任務は、日本との通商条約の調印であった。アメリカは、公使の江戸駐在、長崎・新潟・神戸の開港、自由貿易などを求めたのである。条約の締結に向けて、日米間の交渉は進められたが、幕府はすぐさまの調印には消極的だった。国内の世論を気にしたのだ。

そこで幕府は、調印には朝廷の勅許（許可）が必要だとハリスに伝達し、老中主席の堀《ほっ》田正睦《たまさよし》が上洛《じょうらく》して、朝廷の説得と勅許を得ることに努めた。ところが、朝廷（孝明《こうめい》天皇）は調印に拒否反応を示したため、安政五年（一八五八年）四月、堀田老中は虚しく帰東する。当時、幕府の大老に就任したのが、彦根藩主の井伊直弼《いいなおすけ》であった。ハリスは幕府側に英仏の脅威を説き、両国に屈辱的で不利な条約を突きつけられる前に、米国と通商条約を結ぶべきだと唱えた。当時、幕府の大老に就任した井伊直弼の主導によって、幕府は勅許を得ないままアメリカと通商条約（日米修好通商条約）に調印し、同年、オランダ・ロシア・イギリス・フランスとも同様の条約を結んだ。

当時、こうした条約問題とともに、将軍継嗣《けいし》問題も持ち上がっていた。十三代将軍・徳川家定《いえさだ》が病弱であったため、その後継を誰にするかが課題となっていたのだ。一橋《ひとつばし》家当主・一橋（徳川）慶喜《よしのぶ》を推す一橋派と、紀州藩主・徳川慶福《よしとみ》（家茂《いえもち》）を推す南紀派とに分かれて、対立が繰り広げられた。将軍継嗣問題も、井伊大老により、紀州の慶福を後継将軍に決定する形で強引に解決された。

井伊の強権的手法には反発が相次いだが、井伊はそれを力により捻《ね》じ伏せる。慶喜や一橋派の徳川斉昭《なりあき》（慶喜の父）、福井藩主の松平慶永《まつだいらよしなが》（春嶽《しゅんがく》）、土佐の山内豊信（容堂《ようどう》）、幕府の改革派官僚（岩瀬忠震《ただなり》・川路聖謨《としあきら》）に蟄居《ちっきょ》や謹慎・致仕《ちし》（退官）などが命じられたのである。福井藩士の橋本左内、長州藩士の吉田松陰《しょういん》は斬首となった。これらの弾圧は、安政の大獄（一八五八～一八五九年）と呼ばれるが、大獄は幕府への更なる信頼低下を招き、反幕府派による尊王攘夷運動を激化させる要因となる。井伊大老は、弾圧に怒った水戸・薩摩の浪士《ろうし》により襲撃され、命を落とす。これが、桜田門外の変（安政七年＝一八六〇年）である。

## 世子の急死と家老の諫言

時間を安政四年（一八五七年）に巻き戻して、赤穂の状況を見ていこう。赤穂藩の十代藩主・森忠徳の世子（嫡男）・忠弘が、同年、江戸藩邸から赤穂城に帰城することになった。聡明な忠弘が赤穂に入るということで、赤穂藩の者たちは待ち侘《わ》びていたが、そこに思いがけぬ急報が寄せられる。それは同年「閏《うるう》五月二十六日、若殿・忠弘は、脚気衝心にて、手当の暇なく、急死した」との悲報であった。

訃報に続き、忠弘の臨終の際に、森続之丞（忠弘の守役で年寄格）に語られた遺言も知らされた。遺言は「森家の相続は、末弟の扇松丸に」というものだった。江戸からの凶報に、執政・森主税と参政・村上真輔は、藩士らを赤穂城殿中の大広間に集めた。

殿中に参集した者のなかには「若殿（忠弘）が御悧巧だったとは言え、若年の御身。死後のことまで遺言されるとは合点がいかぬ」「ご次男の遊亀丸様を差し置いて、ご三男の扇松丸様にご相続させるとは、長幼の序を乱すものだ」「脚気衝心という急病の際に、遺言なされる暇があるはずはない。ご死因も怪しいもの」「花江母娘の跋扈《ばっこ》も気遣われる」「お守り役・森続之丞殿の心中も油断がならぬ」との意見を抱く者もあったという。

『高野の復讐』には、この機会に森忠徳が花江を離別すること、「再勤《さいきん》」することを懇願《こんがん》しようと、赤穂の家臣団は大殿（忠徳）の覚えがめでたい重臣を江戸に派遣することになったとある。当時、忠徳は病と称して引き籠もって幕府への出仕や藩政を執らず。嫡子・忠弘が代わりに政務を執っていたためだ。

首席家老の森内膳と参政・村上真輔がその任を担うことになった。七月下旬に赤穂を発《た》ち、八月十四日に江戸に着いた両人は、翌日、忠徳に謁見する。森内膳は、忠徳に次のように言上した。

「殿にもご承知の如く、嘉永六年（一八五三年）に米国の使節・ペリーが浦賀に参り、露国は下田に、英国は長崎に黒船を率いて来たりて、通商開国を迫っております。それが要因となって、尊王攘夷の論が湧き起こり、天下の形勢もどのように変わっていくか、測ることはできず、危急存亡の時にございます。それのみならず、我が藩は財政窮《きゅう》乏《ぼう》し、家中の者への扶持《ふち》米の給与も滞ることがあります。人心動揺の時節ですので、殿には御再勤の上、一旦、赤穂に御帰城になられ、政務を執られることこそ、肝要と存じます」と。

また、内膳は、花江がその母と共に恣《ほしいまま》の振る舞いをしていることを「御家乱脈の基」と指摘し、花江を離別して正室を迎えることを「本藩士一同の懇願」として、忠徳に申し上げたという。村上真輔は、森家の相続問題について「御末弟の扇松丸様を後継とされることは、ひとまず、思い止まられるよう」忠徳に言上した。

　それに対し、忠徳からは「次男の遊亀丸には癇癖（怒りやすい性質）があるから、三男の扇松丸を跡目に立てよと、忠弘が遺言したと森続之丞から申出があった。よってひとまず続之丞の意見に従った。が、確かに扇松丸はまだ幼い。忠弘の跡目は、次男の遊亀丸と定め置こう。予の再勤のことであるが、森続之丞からもその申し出があった。しかし今更、同役の者に合す顔もないので、予の再勤は諦めてくれ。花江親子へは扶持を取らせていないし、格別の支障があるわけではない。だが、赤穂家中の者たちの願いとあっては、機会を見て、暇をとらすことにしよう」との返答があった。真輔らは、忠徳の再勤を、忠徳の母・法雲尼を通じて、再度願い出ようとした。法雲尼は、再勤の件は、忠徳の側室・花江を介して行えば効果的であると勧《すす》めたという。

　しかし、真輔らには、花江の口利きで、忠徳が再勤することになれば、彼女はその「功」を誇り、増長するのではないかとの懸念があった。よって、法雲尼直々の諫言を依頼したのである。法雲尼は、家臣の願いを忠徳に申し入れたようだが、忠徳は首を縦に振らなかった。失意のなか、真輔らは赤穂に戻ることになる（十一月十四日、赤穂帰着）。老齢の森内膳は赤穂――江戸間の往復が祟《たた》ったのか、同年（安政四年＝一八五七年）十一月二十五日に帰らぬ人となった。

### 赤穂藩の御家騒動はあったのか

前述の赤穂藩主の「継嗣問題」であるが、忠徳の次男・遊亀丸と三男・扇松丸を擁立せんとする者が両派に分かれて、対立していたようにも見える。実際、そう考える説も唱えられてきた。

例えば浜田稔也氏は、その著書『幕末赤穂の一断面』において「急死した忠弘は忠徳の先妻の子であり、後妻の長子に次男遊亀丸（一一代忠典《ただつね》）、三男扇松丸（一二代忠儀《ただのり》）がいる。遊亀丸は繊細で癇癪《かんしゃく》もちであったためか、忠徳の愛妾花江が政治にまで口をはさみ続之丞と組んで三男扇松丸を跡つぎに決定させようとしたという。（中略）国元赤穂では「次男を差しおいて三男が跡継ぎとなることは順逆・道義に反する」と意見は一致し江戸の忠徳に諫言した。（中略）忠徳は簡単に翻意し次男遊亀丸を世継ぎにすることを認めた。二男派（国元）と三男派（江戸）に分かれた赤穂藩のお家騒動である」と記している。

『新宮《しんぐう》町史』（巻七）も、次男擁立派と三男擁立派の間で、後継問題を巡り、対立があったとする見解を記す。

世子・忠弘の急死は、赤穂藩士の心をかき乱したかもしれないが、二男派（赤穂）と三男派（江戸）に分かれた御家騒動があったとするのは事実ではないとの見解も一方で存在する。

例えば、福永弘之（兵庫県立大学名誉教授）も、両派に分かれての世継ぎ争いはなかったと主張している。そして、その理由の一つを、十代・森忠徳の藩主就任時の「秘密」に求める。九代・森忠敬は文政七年（一八二四年）に死去。その後は、嫡男の勝蔵（のち忠貫、一八一六年生）が継ぐ。ところが忠貫は三年後の文政十年（一八二七年）に亡くなってしまう。若年の忠貫がまさか亡くなるとは思っていなかったのだろう。赤穂藩は忠貫の後継者を事前に決めていなかった。このままでは、藩が断絶してしまう一大事となる。そこで、赤穂藩は、忠貫の弟・詮道丸（忠徳）が亡くなったことにして、兄と弟をすり替えてしまうのであった。詮道丸は、勝蔵そして忠貫と名を改め、藩主におさまったのである。

この兄弟すり替えは、隠居の身であった七代・森忠賛が幕閣に働きかけたことにより、上手くいったという。詐術《さじゅつ》をもって御家の危機を乗り越えたわけだ。福永教授は「10代の就任に関し、不祥事をおこした赤穂藩が、続いて11代の継嗣でもゴタゴタをおこせば、幕府の威令衰えたりとはいえ只事では済まぬことは、上層部は重々承知していた筈である」

と指摘し、御家騒動を否定する。頷くべき見解であろう。

御家騒動がなかったとする理由はまだある。遊亀丸と扇松丸は同腹の兄弟であり、後に両者とも藩主に就任していることも、一つの根拠となろう。浜田氏は「忠徳の愛妾花江が政治にまで口をはさみ続之丞と組んで三男扇松丸を跡つぎに決定させようとしたという」が、花江は忠徳の子・徳丸を、忠弘死去の三日後に産んでおり、後継問題に介入したとは考えられない。

浜田氏は、森続之丞（忠弘の守役で年寄格）が三男・扇松丸を擁立しようとしたと書いているが、続之丞は、忠弘の死の直後に、忠徳の再勤も求めていた。よって、三男・扇松丸を強硬に担ごうとしていたとも思われない。

村上真輔の四男・四郎は、この辺りのことを明治四十年（一九〇七年）十月七日に、幕末維新に直面した志士など生存者の談話をまとめるために設立された史談会において、次のように語っている（以下、史談会の記録『史談会速記録』を参照する際は『速記録』と略記することあり）。

「忠弘が亡くなられた時に遺言したというのを楯にして、森続之丞という者が二男（筆者註＝三男の誤り）扇松丸を立てようという説を主張致しました。よって、その方に傾いてしまいました。が、国（筆者註＝赤穂）とは大変離れておりますので、国ではまだ承知せぬくらいでしたが、江戸の方の屋敷中は大混雑でございました」と。国元（赤穂）の家臣たちは、まずは、御隠居（森忠徳）の意見を聞かねばならない。御隠居の意見も続之丞と同じならば諫めねばならない。が、もし、仕方なく「服従」しなければならないならば、御隠居の意見に従う旨を述べていたと同書にはある。

つまり、忠弘急死以前から両派（次男派・三男派）に分かれての対立があったのではなく、忠弘の死の直後、森続之丞が国元に一言の相談もなく、三男・扇松丸（後の十二代藩主・森忠儀）を、忠弘の遺言を盾にして後継に推薦しようとしたことに、問題の火種があったと言えよう。国元の重臣も、後継が三男となることに何が何でも反対ではなかったのだ。森続之丞が「若殿（忠弘）の遺言として、扇松丸様を後継に立てよというものがあったのだが、如何」と国元に伝達、根回ししていれば、ここまでの大騒動になることはなかったのではないか。要は、物事の進め方の問題である。

筆者は以上のような理由から、江戸と赤穂の家臣団で、藩主後継を巡る意見の食い違いはあったにせよ、両派（次男派・三男派）に分かれての根本的な御家騒動などはなかったと結論づけたい。

「後継には忠徳三男・扇松丸を立てよ」という忠弘の遺言の実在に関しては、筆者はあったのではないかと推測している。その理由の一つは、忠弘は若年とは言え、鋭敏・賢明であったということ。忠徳の次男・遊亀丸は「御肝癖（癇癖）一方ならず」（文久二年＝一八六二年十二月十日、村上直内の弟・河原駱之輔宛て書状）であったというのは確かだということ。同書状によると、遊亀丸は、刀・脇差に手をかけることが度々あったという。そのようなことで、藩の行末を憂う、賢明な忠弘は、遊亀丸の行状に日頃から不安を覚えており、病床において、守役の森続之丞に「後継は扇松丸に」と伝達していたとしても不思議はないと考えている。

## 江戸時代の御家騒動はなぜ起きるのか

赤穂藩の事例で見たように、江戸と国元に分かれて、家臣団（藩士）が対立することは他にもあった。そもそも、そのようなことになるのは、参勤交代という江戸幕府が定めた制度のせいである。参勤交代は、幕府が大名統制策の一つとして行ったものであり、大名の江戸参勤（在国一年交代が原則）と妻子の江戸移住（人質化）が定められた。参勤交代には、成熟した江戸文化の地方伝播、交通網の整備などメリットもあったが、往復の旅費や江戸藩邸での出費、そして、先述のような江戸と国元の家臣の対立など大名にとってデメリットもあった。なお大名にとってのデメリットは、諸大名の弱体化を目指す幕府にとっては、メリットである。

江戸と国元の家臣団の対立が御家騒動に発展した例には、江戸時代初期の「生駒《いこま》騒動」があろう。御家騒動が起きた当時、讃岐国《さぬき》（香川県）高松藩の四代目藩主、生駒高俊は幼少で家督を相続しており、外祖父・藤堂高虎《とうどうたかとら》が後見役を務めていた。高虎は生駒一門の国家老・生駒将監《しょうげん》、帯刀《たてわき》父子の力を抑制するため、重臣・前野助左衛門、石崎若狭を重用し、前野と石崎は藤堂高虎への讒言《ざんげん》によって生駒将監を失脚させ、江戸家老として藩政を専断したという。藩主・高俊は暗愚であり、家臣を纏めることはできず、藩政は混乱。これに対し一六三七年、将監の子・生駒帯刀（国家老）は、前野・石崎の横暴を幕府に訴える形で対抗した。評定の結果、生駒氏は領地没収、高俊は出羽国（秋田県）矢島一万石に転封となり、前野氏、石崎氏は死罪となった。家臣団の対立が、主家を転落させた事例と言えよう。

江戸時代における藩主と重臣（家臣）との関係というと、藩主が絶対的権力を持っていると思われるかもしれないが、そうではない。主君が暗愚であったり、自らの意に沿わないと判断された時は、強制隠居させられたり、廃立されることもあった。出羽《でわ》国上山の藩主・松平信亨《のぶつら》は、贅沢三昧、遊興が過ぎ、江戸家老などが反発。信亨を隠居させる策謀が企てられるほどであった。幕府の沙汰や、親類の上田松平家の介入もあり、信亨はついに隠居の身となった（一七九〇年）。

また、幕末の筑前黒田藩においても、当時の世相を反映して赤穂藩と同じく、公武合体派と尊王攘夷派に家臣が割れて抗争が繰り広げられていた。小姓頭だった勤王党の衣非茂《いびしげ》記《き》は、家老・黒田大和に「公武合体派を一掃すること。勤王体制を構築し、薩摩・長州藩と連携すること」を説いていた。更には、そのことを藩主・黒田長溥《ながひろ》にも説き、受け入れられない時は、その養子・黒田長知を擁立し、長溥を廃する覚悟であったという。しかし、黒田大和は、その陰謀を長溥に伝達。勤王党の者どもが弾圧される「乙丑《いっちゅう》の獄」（一八六五年）が起こるのであった。このように、藩主といえども安閑とすることはできなかったのである。

## 赤穂藩の財政難と鞍懸寅二郎の登場

さて、話を赤穂藩に戻そう。実は忠弘の生前から、赤穂藩には大きな問題があった。財政難である。時代は遡るが、五代・森忠洪《ただひろ》（一七二八～一七七六）は、逼迫《ひっぱく》する一方の藩財政を憂いて領内に倹約・貯蓄を奨励し、藩主自らも質素を旨としていた。その甲斐あって、大部分の借金は整理され、藩財政に余裕ができた。ところが、時代が下るに従って、忠洪の遺風は弛緩《しかん》し、借財は増したようである。打ち続いた洪水・大風・凶作などの災害も財政に悪影響を与えた。

村上真輔は、江戸の森主税に宛てた書状（一八五〇年十一月）で「その後、御代も替わり、何となく御法も緩んだ故、またまた借財が増し」と書いている。厳しい取締の沙汰はあったものの、それはその場限りのものとなり、真輔の時代には借財は二十七、八万両にも及んでいた（前掲書状）。その窮状は、真輔をして「どのような高才明智の者が現れても、決して妙手段もない」と言わしめるものだった。急逝した若殿・森忠弘も、藩の財政難を何とかせねばならないと苦慮していた。

そんな忠弘に意見を具申した男がいた。鞍懸寅二《くらかけとらじ》郎《ろう》である。寅二郎は、天保五年（一八三四年）、軽輩の赤穂藩士・鞍懸素助（隆意）の次男として生まれたが、彼が年少の頃より教えを受けたのが村上真輔の次男・河原駱之輔（号は翠城）であった。六歳の時に村上中所の母の生家である河原家の養子となった駱之輔は足に持病があり、歩行が困難であったが、日夜、学問に精励し、安政四年（一八五七年）には、三十歳の若さで、赤穂藩の藩学教授（藩校・博文館教授）に任命される。

駱之輔の性質は「剛直」で、その言論は率直であり、聴く者をして「背に汗」を流させるほどだったという。

その駱之輔が目をかけていたのが、勉強熱心で鋭敏な寅二郎であった。駱之輔は藩主に寅二郎を推挙し、絶家となっていた小林家を継がしめた（鞍懸寅二郎はこの時、小林寅哉と名乗るのだが、煩雑となるので、鞍懸寅二郎で通す）。寅二郎は、江戸藩邸で勤務（一八五二年）することになったが、安政元年（一八五四年）には世子・森忠弘の「茶道役」（主君に近侍し、来客の接待なども行った）として、若殿と身近に接する機会を得たのである。

## 世子・忠弘の寅二郎への「密書」

安政三年（一八五六年）七月、忠弘は寅二郎に密書を与える。忠弘はそのなかで「我らは、愚昧短才で幼年であり、人情世態も解していない身であり、とても人の上に立つような徳はない。であるのに、このような身分に生まれたことは、諸人の不運である」と嘆く。また、先代より借財が重なり、水害や地震（安政の大地震＝一八五五年）により、多くの物入りがあり、家来たちが難儀（扶持が滞るなど）していることを「面目もこれなきこと」と恥入っている。

更には異国船が来航する物騒な状況にあるにもかかわらず「公儀（幕府）に対し首尾が悪い」（幕府にしっかりと貢献できない）ことは「先祖への大不幸」だと忠弘は嘆じてもい

る。忠弘は、以上記したような懸念が重なり「寝食安からず」という状態だったようだ。

しかし、そのようななか、年来より側にいて「諸用承り、万端、気をつけくれ」たのが寅二郎であった。忠弘は寅二郎が身近に仕えてくれていることを「天地神明が我が苦悩を憐み」給うたとまで書く。そして、寅二郎の「誠忠」（誠の忠義）を感謝に堪えぬと言うのである。寅二郎は、忠弘に財政救済策を具申していたようで、それは、遊学という名目で寅二郎自ら大坂に赴き、塩問屋に奉公し、赤穂塩の取引をなして財政難を救うというものであったと思われる。「腹心の役人どもへ通達し、表向きは（寅二郎が）申されるように遊学と称し、何卒、我が為、先祖の為に首尾良く取り計らってほしい」と忠弘は寅二郎に、懇切に依頼している。

「人の奴僕までにも成り、艱難辛苦」を受ける寅二郎の心根を「何れの世にか忘れ申すべき」と忠弘は謝する。忠弘と寅二郎との、藩政改革を志す主従の絆をここに見ることができるだろう。

## 鞍懸寅二郎は欲得で行動していたのか

安政三年（一八五六年）の暮れに、寅二郎は役儀御免を願い出て、村上直内（真輔の嫡男）に藩上層部への取りなしを依頼する。

先に見た忠弘の密書からは、寅二郎が自ら率先して、藩の財政再建に奔走せんがために辞職しようとする姿が見える。よって、寅二郎は出世や欲得に惹かれたわけではないと筆者は推断する。

寅二郎の辞職に、村上直内やその弟で寅二郎の師・河原駱之輔は反対だったようだ。折角、駱之輔の推挙で、寅二郎の抜擢が叶ったのに、大した年月も経たずに辞職というのは、藩主に対しても申し訳ないし、駱之輔の面目をも潰すというのである。

駱之輔は寅二郎が江戸から帰ればすぐに破門する心積りであったようだ（駱之輔から、江戸にいる兄・直内への十二月十二日付書状）。だが破門は、寅二郎の詫びにより取り消される。

寅二郎の辞職は、当時、江戸にいた執政・森主税も認めていたことである（江原万里『鞍懸寅二郎 勤王の志士』所収史料「退役一条」）。

森続之丞と森主税――二人の実力者の同意を得て、寅二郎は表向きは病気ということにして、茶道役を辞職。一度、赤穂に帰り、その上で遊学を申請する。自由の身となって、自らの想うところを実行しようとしたのであった。

寅二郎は、年が明けて、安政四年（一八五七年）一月中に赤穂に帰着する。隠居を願い出たところ村上真輔らの反対に遭うも、帰藩した森主税の取りなしにより、寅二郎の願いは聞き届けられたという。ところが、前述のように、若殿・森忠弘は、安政四年（一八五七年）閏五月に病死してしまう。

そして第1章の冒頭で紹介した後継者問題が浮上する。繰り返しになるが、同年八月には首席家老の森内膳と参政・村上真輔が赤穂から江戸に行き、藩主・忠徳に「再勤」と、継嗣のこと、花江の離別のことなどを言上するのである。だが、この時の忠徳に再勤の意思なく、十一月、二人は虚しく赤穂に引き揚げたのは先述の通りだ。

### 安政五年二月の政変

その翌月（安政四年十二月）、驚きの人事が発表された。江戸の家臣団のトップである森続之丞と共に改革を成そうとしていた吉村牧太郎、入江新之丞が御側頭首席に昇進。そして何と、その頃には、江戸に出ていた寅二郎が勘定奉行に登用されたのである。寅二郎の勘定奉行抜擢は、森続之丞の献策によるという。

旧法に拘泥《こうでい》していては、経済の立て直しは不可能。経済の道に詳しい寅二郎を重用し、江戸と赤穂の家臣団が一致して、財政改革を行えば、立ちどころに巨万の富が得られ、負債も整理されようから、寅二郎を勘定奉行に登用ありたいとの森続之丞の建言があったとされる。

また、森内膳と村上真輔があれほど説得したにもかかわらず、再勤について首を縦に振らなかった忠徳が、急に政務を執ると言い出した。これは続之丞が忠徳の愛妾・花江と典薬の三木元淑の手を借りて勧めたことが要因だといい、加えて続之丞や吉村牧太郎・入江新之丞、寅二郎の強い懇請もあったと言われる。

これでは森内膳や村上真輔の顔は丸潰れであるし、国元（赤穂）の家臣からしたら、藩主は江戸にいる家臣を重視しているように映ったであろう。寅二郎らの人事についても、国元の重臣にしてみれば続之丞の専断として不満が残ったと思われる。

この政変劇によって、忠徳が政務を執り、その下で続之丞や寅二郎らが財政整理を断行していく体制が出来上がるかに見えた。が、翌年の安政五年（一八五八年）一月下旬になって、この体制も突如として覆る。続之丞と寅二郎が役職を罷免されたのだ。寅二郎は赤穂に帰国を命じられる。突然の政変の裏には何があったのだろうか。

「微禄の寅次郎の破格の抜てきは、保守的な森主税、村上真輔一派の反対にあい、寅次郎はわずか三ヶ月で失職」（神戸新聞社編『故郷燃える』第一巻　三八一頁）と、この政変は説明されることがある。保守派（赤穂の森主税、村上真輔）と改革派（江戸の森続之丞、鞍懸寅二郎）の対立という構図だ。

確かに赤穂の国元の保守派と江戸の改革派という構図は分かりやすい。しかし丁寧に見ていくと、厳密にはこのような対立軸では説明しきれない点もある。

例えば兵庫県出身の著名な民俗学者・柳田國男（一八七五〜一九六二）は、その著作『故郷七十年』において、真輔のことを「維新のころ、守旧的な佐幕派に属していた」と断じている

（『定本柳田國男集』別巻　第三、二七五頁）。

柳田は、明治二年（一八六九年）岡山生まれの作家・江見水蔭《すいいん》と親しくしており、江見から高野の仇討ちに関する話を聞いていたようだ。

江見の母方は「播州赤穂の森家の家老の出であった。村上眞輔という人の娘で、岡山の池田家の家臣である江見陽之進といふ人に嫁ぎ、忠功（筆者註＝水蔭の本名）、すなはち水蔭が生れたのである」という。真輔の四女・友が江見陽之進に嫁いで生まれたのが水蔭で、つまり柳田國男は村上真輔の孫から詳細を教わっていたのである。なお柳田は村上真輔を家老と書いているが、実際は用人、参政である。当時、参政が家老の異称とされたことから、そのように記したのだろう。

だが、真輔が「守旧的な佐幕派」というのは、柳田の誤解である。真輔は、関白も務めた鷹司家の侍医である物部修逸を介して、大原重徳から与えられた「尊攘」（尊王攘夷の略）の二文字の筆跡を大事に邸に保管するほどの勤王家であった。

勤王の志あり、かつまた、藩の財政状況（財政悪化）を認識し、それを改善せんとして改革の建白も行っている。頑迷固陋な保守派ではない。

森主税にもまた見るべきところはある。寅二郎が自らの計画のために茶道役を辞職するにあたり、江戸の続之丞と共に国元の森主税も同意し（前掲「退役一条」）、他の役人の反対を押し切って、寅二郎の意に適《かな》うようにしてやっているのがその一例だ。森主税や村上真輔を安易に「保守派」と定義付けるのを筆者は疑問とするところである。

とは言えそれは、赤穂の森主税、村上真輔一派と、江戸の森続之丞、鞍懸寅二郎一派の間に対立がなかったということではない。

「退役一条」には、森主税と村上真輔の為すことは、藩主・森忠徳の思《おぼ》し召しに適わず、そのため、忠徳は憤り、自分が赤穂に帰るまでに、両人に「退役」（辞職）を仰せ付けようとしたとある。確かに赤穂の家臣団が、愛妾・花江を離縁せよと迫ったことも、忠徳にとっては不快だったろう。忠徳がそのような想いになったのは「五人の者ども」（森続之丞・

吉村牧太郎・入江新之丞・三木元淑・鞍懸寅二郎）が藩主に勧めたからだという。それを知った森主税と村上真輔の怒りは強く、忠徳に思うところを吹き込んだ五人に遺恨を持っていたようだ。今回の政変は、五人への意趣返しだと「退役一条」は説明している。ちなみに「退役一条」の執筆者の具体的氏名は不明であるが、赤穂で勘定奉行を務めていた者で、彼もまたこの政変に連座して、本人曰く、軽い咎め（役儀召し上げ）を受けている。

　森主税らは、森続之丞らの失脚の機会を窺っていたのであろう。続之丞は主税に「俊傑の鞍懸（寅二郎）を勘定奉行に抜擢すれば、数万の金子が立ちどころに入り、きっと藩財政は再建される」と述べたとされるが、主税がその言を信ぜず、目付を使って調査させたところ、寅二郎の勘定奉行推挙は、続之丞配下の者を抜擢《ばってき》して権力を握らんとする「奸計《かんけい》」であることが判明したのだ。

　結果、「奸計」の首謀者である森続之丞は役儀御免の上、赤穂での蟄居隠居、配下の吉村牧太郎と三木元淑は、赤穂での蟄居隠居、入江新之丞は帰藩の上で減禄。鞍懸寅二郎は藩からの追放を申し渡された。江戸の森続之丞一派は、国家老・森主税の手によって一掃された。筆者は、この赤穂藩の政変を「安政五年二月の政変」と名付けるものである。

## 森忠徳の政変への関与はなかったか

「安政五年二月の政変」の経緯を、巻き返しに成功した国家老・森主税派の村上真輔の息子である村上四郎が『史談会速記録』において証言している。証言者の村上四郎は、村上真輔や河原駱之輔らの視点から物事を見ているので、森続之丞・鞍懸寅二郎には良い印象を持っていないことが窺えるが、この資料からは政変劇への藩主・森忠徳の関与が推量できるので詳しく紹介しよう。

村上四郎はまず、森続之丞が「以前の失敗」（筆者註＝継嗣問題で三男を擁立できなかったことを指すのであろう）を挽回させるために、自らの股肱《ここう》の臣として寅二郎を強く推挙したことが政変の契機であると語る。続之丞が寅二郎に茶道役を退けば、その後に自分（続之丞）が取り立ててやろうと言ったとも四郎は証言している。

寅二郎は辞表を出しかけたが、病を理由に一時籠居。病でお役が務まらないので、辞職したい旨を村上直内（真輔の長男）に告げるも、直内は「わざわざ役を退くのは惜しいことである」と反対。寅二郎の師匠・河原駱之輔（真輔の次男）も「以っての外のことである。甚だよくない」と弟子の辞職に異を唱える。が、結局辞職は成立し、駱之輔は寅二郎を「不心得の者」として破門する。寅二郎は赤穂に帰り謹慎していたが、師匠の破門が身にこたえたのか謝罪し、宥免《ゆうめん》された。その後、寅二郎は江戸に出るが、続之丞の意向によって勘定奉行に昇進。続之丞は「藩の柱石」の者数名を退役させ、自らの息のかかった者を抜擢した。ここまでの経緯は先に紹介した通りだ。

突然の出来事により、江戸藩邸のみならず、赤穂でも大騒ぎとなった。「怪しからぬことである」ということで、森主税と大目付・橋村作之丞が江戸に向かう。両名が江戸にて藩主・森忠徳にまみえると、忠徳は続之丞が、寅二郎は英傑俊才で、これを用いれば御家の財政を改善できると推薦したので、続之丞の思うがままにさせたと主張する。だが、この度のような騒ぎとなってしまい面目もない次第であるから、其の方らが厳重に取り計らいをしてもらいたいというのが、国元派による調査前の忠徳の見解だったようだ。

しかし大目付が調査してみたところ、忠徳の愛妾・花江に続之丞方が賄賂《わいろ》を贈って取り入ったことなどが露見し、続之丞らが処罰されたというのが『速記録』が記す「安政五年二月政変」の流れである。

森忠徳は、続之丞の強力な意向・推薦があったから云々と、自分は続之丞の考えに従っただけと述べている。しかしこれは本当であろうか。前掲「退役一条」によると、忠徳は国元の森主税と村上真輔の為すことを気に入らず、いずれは退役を命じたいほど嫌っていたという。そうであるならば、国元の重臣に一泡吹かせる続之丞の献策は、忠徳にとっては喜ばしいものであったのではないか。

　しかし、今回も継嗣問題の時と同じように、国元の大反対にあった。事情が変わって江戸派が不利になると忠徳は赤穂派に肩入れし、我関せずといった態度を貫く。忠徳を暗君と断じる書物もあるが、筆者は、忠徳は英邁とは言えないにしても、なかなか強《した》かな藩主だったように思えてならない。

　赤穂藩を追放された寅二郎は、大坂・江戸など諸国を転々とし、万延元年（一八六〇年）の十二月には津山（岡山県）に至る。津山藩に仕えることになった寅二郎は、藩校で講義を行ったり、国事周旋掛として都に赴くこともあった。維新後は大目付（明治元年）、津山藩権大参事（明治二年）にまで出世したのだから、大した人物である。

第2章

# 文久事件への道

## 新藩主・忠典と赤穂藩の新時代

十代藩主・森忠徳は安政四年（一八五七年）に「再勤」することになったが、それから五年後の文久二年（一八六二年）一月には、隠居を願い出る。家督を次男・遊亀丸（十六歳）に譲ったのだ。遊亀丸は、十一代藩主となり、名を忠典と改名。美作守《みまさかのかみ》に叙された。忠典は、同年五月十七日に赤穂に初めてお国入りする。

この時国元にいる赤穂藩の執政・森主税を補佐する役割にあったのが、参政の村上真輔である。

真輔は、弟子・森主税が家老となってからも、よくこれを支えていた。例えば、主税が江戸藩邸にいた時にも、書状を送り、主税が藩士の山田軍太夫・清吉兄弟を近付けていることを窘《たしな》めている（万延元年＝一八六〇年六月二日付）。山田兄弟は、世上の噂悪く、「姦佞邪智《かんねいじゃち》」（心が捻くれて、ずる賢い）の者に相違ないので、そのままにしておいては主税の不明となり、よろしくない。赤穂に帰った暁《あかつき》には「英断」をもって兄弟を遠ざけることを、真輔は勧めている。

また殿様の森忠典は未だ若年であり、何事も主税の思し召し次第と言われる現状にあるからこそ、格別の慎みが肝要とも真輔は説くのであった。真輔の人柄が垣間見える書状である。

村上真輔は文久二年（一八六二年）には六十五歳となっており、その七年前の安政二年（一八五五年）二月には、持病で難渋していることもあったのであろう、「御勝手掛」を辞めたいとの願書を提出している。

そこで真輔の次男、河原駱之輔が世に出ることになる。

**河原駱之輔、改革に邁進せんとす**

前述の如く、万延の頃には江戸詰を命じられていた森主税であったが、文久元年（一八六一年）には、江戸藩邸詰は世襲の次席家老・各務兵庫に交代となる（主税と兵庫は叔父・甥の関係にあった）。だが、若年（二十代）で経験不足の兵庫に大役は務まらず、藩邸の秩序は乱れたという。

世子・忠典の御側頭であった村上直内も退任させられた。直内は兵庫を不見識で無能と、弟・河原駱之輔への書状で評している（『高野の復讐』）。ちなみに、兵庫は、同年五月十七日の森忠典お国入りに従って、赤穂に帰藩している。

さて、村上真輔は、安政七年（一八六〇年）二月、江戸にいる森主税に演説書（陳情書）を奉り「老衰・記憶・気根等も薄くなり」と嘆き、職務から早く退きたいことを訴えるが、聞き届けられなかった。

文久二年（一八六二年）一月、引退の意思を更に強くした真輔は、執政・森主税と対面。「役儀御免の御沙汰」があるよう取りなしを依頼した。それから暫《しばら》くして「登城せよ」との沙汰があったので、一月十九日にお城に上がってみると、真輔に文書が手渡された。そこには、真輔の年来の「出精」（精励）に鑑み、七十石を与えるとの内容が記されていた。引退許可ではなく、加増の沙汰であったのだ。

文久二年五月十七日、新藩主・森忠典は赤穂に初入国するが、同年閏八月には、藩学教授・河原駱之輔（真輔次男）が、侍読として忠典の補導を担当することになる。更に翌月には、駱之輔は「三役所差配産物総取締」にも任命された。藩の財政・経済を監督する重き役職に任命されたのである。三役所差配産物総取締とは、勘定奉行・札座奉行・産物奉行の三奉行を兼帯するものだ。

駱之輔は同年十一月には、森主税に意見書「御産物御改法下調十五ヶ条」を提出。「東・西古浜における製塩高は、その浜人からそれぞれ書付をもって御産物役所へ届け出さなければならない」「塩方御目付ごとに釜屋の巡見を行い、製塩の品質を改めなければならない」「大坂表にも御産物役所を設け、福原貫二を取締役とする」などの改革案を提起したのであった。

## 「赤穂志士」の人々

河原駱之輔の弟子に西川升吉《にしかわますきち》という男がいた。赤穂藩の足軽・西川邦治の弟である。天保九年（一八三八年）生まれの升吉は、一世を風靡する尊王攘夷思想を受容し、京都と大坂の間を奔走していた。

升吉は、姫路藩の武士で物頭役を務め、「姫路藩尊攘派の首魁《しゅかい》」と言われていた河合惣兵衛宗元が森主税と縁者だと聞きつけて河合のもとを訪れ、接近した。升吉は河合の仲介もあって都にて諸藩の志士と交流し、その名を知られることになる。薩摩藩の海江田武次（信義）、藤井良節、長州藩の佐々木男也、久坂義助（玄瑞《げんずい》）、土佐藩の平井収二郎とも知り合い、交わりを深めた。

升吉は、藩内にも勤王の同志を集めた。例えば、山下恵助（後、新一。文化十四年＝一八一七年生、剣道師範）、山下鋭三郎（天保十三年＝一八四二年生、新一の養子）、八木源左衛門（文政元年＝一八一八年生、小頭御作事上番）、松村茂平（文政五年＝一八二二年生）、野上鹿之助（文政六年＝一八二三年生、肝煎、鞍懸寅二郎の義兄）、山

本隆也（文政六年生、足軽）、西川邦治（天保元年＝一八三〇年生、足軽）、高村広平（天保六年＝一八三五年生、足軽）、吉田宗平（天保七年＝一八三六年生、足軽）、青木彦四郎（天保八年＝一八三七年生、足軽）、濱田豊吉（天保八年生、足軽）、松本善治（天保九年＝一八三八年生、足軽）、田川運六（天保十一年＝一八四〇年生、足軽）、木村寅治（天保十二年＝一八四一年生、足軽）らである。足軽など身分の低い者が多いことが分かろう。彼らは、後に文久事件を引き起こすことになるのだが、その行動を義挙とする立場の者からは「赤穂志士」もしくは「十五士」などと呼ばれる。

赤穂志士の一人である山下恵助が、大坂の住吉陣屋勤の土佐藩士・手島八助に提出した赤穂藩内の同志一覧には三十二人の名が記載されており、なかには「森続之丞」や「吉村牧太郎」の名もあった。安政五年二月政変で失脚した者たちである。森続之丞は政変により蟄居隠居を命じられたとは言え、舎弟の五郎が家を継いでいたし、自らも給人席百五十石を賜っていた。吉村も嫡男が家名を継いでいた。よって、比較的自由な立場で他者と交流できたのであった。森続之丞や吉村牧太郎はそれゆえ、十五士と気脈を通じることができたのであろう。

## 「赤穂志士」は志士か、無頼の徒か

『速記録』の村上四郎証言のなかにも、西川升吉とその同志のことが出てくる。

四郎は、升吉のことを、兄・河原駱之輔のもとで四書五経（筆者註＝儒家が尊崇する経典、例えば論語・孟子などの書物）の素読くらいはやっていたが、駱之輔の門人のなかでも生意気な奴として評判が悪かったと述べている。「無頼の徒」「不逞《ふてい》の徒」とまで、四郎は升吉のことを酷評する。もっとも升吉は、四郎の父親を斬ることになるのだから、当然と言えば当然であろうが。

升吉は、殆ど藩地（赤穂）にはおらず、諸方を漂泊し、姫路の河合惣兵衛や、土佐・長州・薩摩の有志と関係を取り結んでおり、四郎はこのことを「時機を利用し、程能く人心を籠絡、有志を欺き惑わせたるもの」と表現している。ほどなく升吉は赤穂へと舞い戻り、自分と同じような「不平の徒」を集めて、「正義」「勤王」を唱える一つの「党」を作ったと四郎は語る。四郎によると、その党の表立ったメンバーは十三人ほどだったという。

党に集った人々は、殺伐としており、他人に危害を加えようとしたこともあったとされる。ある武士が、町を歩きながら女性と話をしたというだけで、刀を抜いて追いかけ廻すという振る舞いをしたとも伝えられている。

『高野の復讐』のなかにも、典拠は示されてはいないが「彼等の態度は藩庁を無視し、藩政を非難攻撃するのみか、婦女を脅かし、酒色を漁り、今にも幕府は倒れて諸藩も瓦解するものの如く言い触し」との記述がある。

しかし、こうした升吉らの乱暴行為は、彼らの「志士」活動を是とする立場の書物（太田雪中『明治維新　赤穂志士　高野の殉難』一九二六年）には記されていない。同書には、升吉は京都を往来するなどの行動が藩の怒りに触れ、升吉の兄・邦治に「升吉を勘当せよ」との「暴命」がまず下ったとある。

このように赤穂志士への評価は毀《き》誉《よ》褒《ほう》貶《へん》相半ばするものだが、勘当の命に抗弁すると、執政・森主税らが、升吉を捕らえて入牢させてしまう。

## 西川升吉らはなぜ入牢させられたのか

升吉ら赤穂尊攘志士の入牢の原因は何か？　一つには、藩庁に届出なしに都へ上り、（藩から見て）勝手な振る舞いをしたことだろう。二つ目は、薩摩藩士・海江田武次が、赤穂藩の大坂蔵屋敷詰の福原貫治に宛てた書状（文久二年八月二十七日付）も要因かもしれない。海江田は面識がない福原に対し「天下の大事について、話し合いたい、尊藩（赤穂藩）の京都御留守居役に面会したいと問い合わせたところ（赤穂藩には）京都に邸がないとのことで、その機会を得ませんでした」と書状の冒頭付近で述べている。「京都に邸がないとは」という赤穂藩への侮蔑を文面に込めていると言えよう。

それはさておき、海江田は、福原に何を伝えたかったのかというと、升吉ら「尊藩（赤穂藩）御有志、勤王の方々」を君前に召し寄せ、天下の形勢を聴取し、親しくお召し仕えになってはどうか、ということである。海江田はご丁寧にも「長州藩や姫路藩の者から親しく聞いている」として、推薦したい者の「姓名六人」を別紙に記しているとも書いている（別紙が残されておらず、六名の姓名不明。おそらく升吉の名もあったのではないか）。これらの者は「天下国家のため、御奉公」するであろうから、赤穂藩で重用せよと海江田は主張するのであった。

しかし、これはどう見ても、他藩への無礼な内政干渉であろう。この海江田書状は、福原貫治より、村上真輔に届けられた。その際の添状には「薩摩藩・海江田某と申す者よりの書状を回送する」とあり、海江田の申し入れを「一大奇事」（大変珍しいこと）と評している。赤穂藩の上層部からすれば、西川升吉ら下級藩士が、薩摩藩という強藩の手を借りて、自己の出世を図っているように見えたであろう。その手段は、藩主を愚弄するものとも映ったに違いない。

そうした折に帰国した升吉。村上四郎が言うように乱暴狼藉《ろうぜき》もしたのかもしれないが、前述したような藩庁を無視するかのような振る舞いが、森主税ら上層部の逆鱗《げきりん》に触れ、升吉は逮捕。入牢を申し付けられたのだろう。升吉の二、三の同志には「他参留」（みだりに領域外に出ないこと）が命じられた。

## 升吉、国事周旋掛となる

窮地に立った升吉らが頼ったのが、姫路藩の河合惣兵衛である。河合は「彼らを処分することは、三藩（薩摩・長州・土佐藩）の感情を害し、貴藩の立場を失うことになろう。穏便に取り扱ってほしい」と縁戚の森主税に依頼したという。『速記録』には、河合または薩摩の海江田辺りの「彼等（筆者註＝升吉ら）は勤王の士の様に承知している。そうであるのに、これを幽閉なさるということになると甚だ宜しくなかろうと思う」との注意があったと記されている。

それが功を奏し、升吉らはわずか十余日で釈放される。村上四郎によると、父・村上真輔は釈放された升吉を呼び寄せて、説諭したという。

その内容を意訳すると「勤王ということは、口にこれを唱えても実に容易な業ではない。よく勤王の主意を誤らぬように心得てもらわねばならぬ。そうでなければ、身のためにも国のためにも何にもならん」(『速記録』)というものであった。升吉、それに反論するかと思いきや、そうではなく、大層喜び「ご忠告くださって、誠にありがとうございます。誓って今後は粗暴は致さず、貴殿の御命令に従いますから不束の者ではございますが、何卒、応分の御用を仰せ付けられましたなら、有難い」と自己を売り込むことまでしたという。四郎のこの証言が本当ならば、升吉は自らのこれまでの行動を「粗暴」と認識していたことになる。升吉は反省の言葉を口にしているが、彼のその後の行動を考えれば、本心から反省していたかは疑問ではある。

升吉の反省の弁が認められたのか、彼が三藩の名士に顔が利くということが作用したのか、升吉は他国藩士との交渉などを担当する国事周旋掛に任命された。真輔の長男・村上直内も国事周旋掛となった。升吉だけでは何を仕出《しで》かすか分からないので、その抑えとしても任命されたのであろう。

直内は、文久二年(一八六二年)十月十四日に赤穂を発ち、京都へと向かう。京都に着いたのは同月二十日のことである。都において、直内は大原重徳や三藩の政事方の人々と交わりを結んだ。そして十一月には、復命のため直内は赤穂に帰るが、その際に升吉を上京させることを望んでいる。その頃、升吉は、師の河原駱之輔のもとに足繁く出入りしていたようだ。

例えば、十一月十五日には、駱之輔は升吉に書物を与えて自宅に招き、勤王のことなどについて、丁寧に諭している。翌日、升吉は再び駱之輔のところを訪れて、親密に談じている。同月十八日には、升吉は「明日には上京します」ということで、師のもとに挨拶《あいさつ》に出向いていた。

この日、村上真輔は、都にいる長男の直内に書状を認めている。そこには、升吉の名も見える。真輔が言うには、升吉には近頃「何となく自得驕慢《きょうまん》の気味」(奢《おご》りの色)があるという。真輔は升吉に「戒慎」(言動を戒め慎むこと)するように申し渡したのだが、直内からも教諭するよう書状のなかで依頼している。真輔が、升吉の性格を危ぶみながらも、これを何とか教導しようとしていたことが窺える。

### 各務兵庫と土佐の平井収二郎の会談をめぐる升吉の策謀

文久二年(一八六二年)十一月十九日、升吉は赤穂を発った。隠居・森忠徳の帰藩のお迎えのため、江戸に向かう家老の各務兵庫も同道していた。升吉は京都において、各務兵庫を、親交ある土佐や長州の名士（平井収二郎や佐々木男也など）と会見させようとしていた。彼らから、各務兵庫に赤穂の藩政改革を勧告してもらうためである。升吉は大藩の藩士の力を借りて、赤穂藩を尊攘の方向に引っ張ろうとしたのだ。そのためには、藩政を執る森主税や村上真輔を没落させ、蟄居中の「同志」森続之丞らを再登板させることが必要だと升吉は考えていた。一方、長州藩や土佐藩の志士にとっても、尊攘の藩が増えることは歓迎すべきことであった。

各務兵庫はひとまず大坂に入り、升吉は京都にて三藩の国事掛などを歴訪し、会見の下準備を行った。十一月二十七日、村上直内は、後事を升吉に託して都を発ち、翌日には、伏見の赤穂藩の定宿に到着。この時、各務兵庫もまた大坂から伏見に上り、定宿に入った。直内と兵庫は対面し「京の形勢など、雑談」（『速記録』）することになる。

そこに飛び込んできたのが升吉だった。直内と兵庫の前で、升吉は次のように述べたという。「一大事件が出来致しました。薩長土の三藩が兵庫殿の江戸に参ることを知り、各人数を大津駅に出して、兵庫殿を支留める様子。赤穂表へも遊説の士が参るかも知れませぬので、早々、帰藩ありて、その準備をして頂きたい」と。つまり、「薩摩・長州・土佐藩が赤穂藩を改革する手始めに、藩士を大津に差し向けて、各務兵庫の江戸行を食い止めようとしている。よって、村上直内は急いで赤穂に帰り、このことを要職の人々に伝えてほしい。兵庫殿は都にて長州・土佐の国事掛と面会ありたい」と、升吉は勧めたのであった。升吉は、早馬を用意して、すぐに各務兵庫を入京させようとした。

それに対し、直内は「兵庫殿が江戸に参るくらいのことで、薩摩・長州・土佐の藩士が待ち受けるということは無いはずだ。何かの間違いではないか。もし、真にそういうことであったとしても、そう慌ただしくすることはない」と反論する。『速記録』には「押問答」とあるので、升吉もすぐさま、何か抗弁したのだろう。

しかし、この時は直内の主張が通って、直内は帰藩しなかった。升吉は先日都に入ったばかりであるし、兵庫の身も案じられる、事の顚末を見届けずして帰藩するのも如何なものかというのが直内の考えであった。直内は、兵庫と共に再び入京。四条通の山田屋に投宿する（十一月二十九日）。

そして、翌日、土佐の手島八助・長州の村田次郎三郎に面会。直内は、彼らに「三藩の人々が大津へ出張ってくるとの話を聞いたのだが、そんなことがありましょうか」と尋ねる。すると「決してそんなことがあろう筈がない。何かの間違いであろう。ご心配はない」

との答えが返ってきた。直内としては、升吉がなぜあのような偽りを言い出したのか、不思議に感じたであろう。会談を前にして、各務兵庫に大藩への恐怖を植え付け、事を有利に運ぼうとしたのか。自分（直内）を各務兵庫から引き離そうとしたのかなど様々な想いが頭を駆け巡ったかもしれない。升吉にとって、直内は、打倒したい村上真輔の子であり、何かと目障りであったはずだ。直内が近くにいては、何を真輔に伝達されるか分からない。

同年、豊後国岡藩主・中川修理大夫が、自藩の志士・小河弥右衛門（一敏）を幽閉（文久二年九月）したとの報に憤った三藩の尊攘派志士が騒ぎ立てたため、ついに小河を釈放した事件があったが、升吉はこれを一つの手本にして、前述のような嘘をついたのではないか。三藩の志士が赤穂藩に圧力をかけようとしているとの偽情報により、赤穂藩を震え上がらせ、藩政改革（森続之丞らの復帰）を目指したのであろう。

各務兵庫は、升吉の目論み通り、土佐の平井収二郎（他藩応接掛）、長州の佐々木男也と会談する（十一月三十日）。『速記録』によると、その時、直内は、次の間で会話を聞いていたという。それは、兵庫からの「万が一、私に不都合があったら、苦しゅうないから、来て話してもらいたい」との要望による。

直内は、両者の会談を聞いていたが、何を話しているか、詳しく聞こえなかったようだ。

有志の者らが兵庫に向かい「そうすれば御違勅になる」とか「こうすれば遵奉することになる」というようなことを漢語を交えて話しかけるのが聞こえた程度であった。会談内容は、平井側が各務兵庫に、蟄居している森続之丞らの赦免《しゃめん》と復職など赤穂藩の改革を勧告し、兵庫はそれを傾聴するという成り行きだったようだ。瑞山会編纂『維新土佐勤王史』（大正元年刊行）には、時勢の切迫を論じる平井収二郎を見て、各務兵庫は「感悟」（感動）し、人を赤穂城下に遣わし、藩論を振起させることを約したという。

会談は無事に終了した。升吉は、会談が終了した以上、各務兵庫が都に長逗留することを無益と判断し、江戸に向けて発つよう催促した。一方、直内は会談を見届けたので、赤穂に帰ることにする。ちなみに、直内が各務兵庫と平井らの会談を別室で聞いていたことに赤穂志士の面々は怒り、直内のことを「奸物」（『速記録』）と後に罵ったようである。

升吉らの立場から記された書物である『赤穂志士』は、直内のこの行為を「次室に隠れ、立聞」と非難する。更には、直後に直内が大坂に向かったことさえも、立聞行為が、長州や土佐藩士の顰蹙をかい、身辺が危うくなったからだとまで書く。「大阪に遁《のが》れ去った」という表現までしている。同書は、直内が次室に控えていたことが各務兵庫の依頼であったとは書いていない。これは、そういった諸事情を顧みず、無闇に村上方を批判する筆法と言えよう。「大阪に遁れ去った」ということも事実ではない。直内は、再び大坂から都に戻り、土佐の平井収二郎と対面しているからである。身辺への恐怖から大坂へ逃げたのならば、都に戻ることはあるまい。

## 各務兵庫・平井収二郎会談の中身

会談後、各務兵庫から村上直内には、次のような依頼があったという。それは、今回の会談についてのことを「同役の家老に伝えてやらねばならないので、その書面を持ち、帰藩するように」との依頼であった（『速記録』）。直内はそれを承知し、兵庫が書状を書き終わるまで外出していたが、宿所に帰ってみると、兵庫の姿はなかった（十二月一日）。夜になっても、戻ってこない。

これはどうしたことかと、直内は不思議に思い、側にいた槍持・草履取りの者に「兵庫殿の手紙を持ち帰る積もりでいたが、お帰りがない。仕方がないので、私は大坂に参る。よって、書状を受け取ったら、大坂まで書状をお届け願いたいと伝えてくれ」と、こと付ける。十二月三日、直内は、大坂に到着。

だが、大坂に逗留《とうりゅう》する直内のもとにやって来たのは、各務兵庫からの手紙を持つ者ではなく、西川升吉とその同志・松本善治であった（善治には、兵庫のお供をして江戸に行く役目があった）。直内は彼らに「兵庫殿からの書状を預かってこなかったか」と尋ねる。善治は「それは、直に（書面ではなく）私が家老に申すことになっているのです」と答えた。

直内が「その方は、兵庫殿のお供で江戸に参ることになっておるではないか。どういう訳だ」と問うと「兵庫殿の手元の金銭の都合で少し大坂まで参りました。また、尼崎にも用がございまして、その金を拵えれば、兵庫殿の跡を追うて、参る手筈になっております」との善治からの回答があった。

直内は、善治の言葉を怪しみ、再度、各務兵庫に会い、事の顚末を質《ただ》そうと都に舞い戻る。ところが、直内が都に戻ってみると、兵庫は赤穂藩の疋田元治という者を連れて、十二月五日の朝、既に都を発っていた。

直内としてはこれ以上どうすることもできず、とりあえず土佐の平井収二郎と面会する（十二月六日）。収二郎は「兵庫殿には、都に長逗留は無益であるので、早々に出立するようお伝えしました」と直内に語ったという。直内は「兵庫殿とはどのような話をされたのか」と追及すると、収二郎は「言路を開き、奸吏を除き、幽閉を解くの三箇條の相談」をしたと回答した（『高野の復讐』）。この時、収二郎は「冷笑」の態度を示し、直内は赤面したという

（『速記録』）。

翌十二月七日、直内は大坂に赴くが、そこには弟・河原駱之輔が藩用で来ていたのでこれまでの事情を話し「実に困ったものである」と嘆いた。大坂で対面を果たした村上家の兄弟。間もなく彼らに、赤穂からの飛脚が驚くべき変事をもたらすことになる。

第3章

# 惨劇！文久事件

## 文久年間の混沌

　赤穂藩でここまで見てきたような体制改革が行われた頃、江戸や京都をはじめとして日本各地で政情不安が巻き起こっていた。

　まず安政七年（一八六〇年）三月、強権的な大老・井伊直弼が、桜田門外において、水戸浪士らに討たれた。井伊大老の死によって成立したのが、老中・安藤信正、老中・久世広周《ひろちか》の政権であった。久世・安藤政権は、朝廷に対しても、柔軟な政策でもって臨んだ。孝明天皇の妹・和宮《かずのみや》を、十四代将軍・徳川家茂に降嫁させる政策を推進したのである。「公武合体」政策により、朝廷側を抱き込み、幕府の権威を回復させようとしたのだ。文久二年（一八六二年）二月、家茂と和宮との婚礼は行われた。

　ところが、こうした幕府の政策に反対する尊王攘夷派の志士により、安藤信正は襲撃され、負傷する（一八六二年一月、坂下門外の変）。久世・安藤は退陣することになるが、その頃には、薩摩藩で藩主の実父として権力を持つ島津久光が朝廷と結んで、幕政改革を要求してくる。久光が、勅使・大原重徳と共に江戸に入ったのは、文久二年六月のことであった。

　久光らの要求により、井伊大老時代に逼塞させられていた一橋慶喜や松平春嶽が、それぞれ、将軍後見職・政事総裁職として復活した。朝廷や雄藩の干渉により、幕府の人事が決定されたことは、幕権の衰退といえよう。

久光一行は江戸からの帰途、横浜に近い生麦《なまむぎ》において、イギリス商人を殺傷、いわゆる生麦事件を引き起こしている。この生麦事件は、薩英《さつえい》戦争（一八六三年）に発展することになる。外国人殺傷事件は、開港直後から発生しており、アメリカ公使館員のヒュースケン暗殺や、イギリス公使館が置かれていた高輪・東禅寺襲撃が著名である。

朝廷のお膝元・京都においては、尊攘派（公家や志士）が勢力を占めるようになる。尊攘派は朝廷を動かし、幕府に将軍上洛や攘夷決行を迫るのであった。十四代将軍・家茂は文久三年（一八六三年）に上洛することになるが、それは三代将軍・徳川家光以来、約二百三十年振りのことだった。

京都には、薩摩・長州・土佐などの尊攘派志士が集い、時に「天誅《てんちゅう》」と称して、幕府寄りの者を暗殺していた。安政の大獄の際、志士の逮捕を指揮した九条家の家士である島田左近の殺害（一八六二年七月）が、天誅という名目での尊攘派による暗殺の最初と言われている（下手人は薩摩藩士・田中新兵衛ら）。逆に、尊攘派の公家である姉小路公知や志士の本間精一郎が惨殺されることもあった。彼らは、薩摩藩や土佐藩士により殺害されたと言われており、そうだとすれば、仲間割れのようなものである。いずれにしても、都では暗殺が横行し、世情は混沌としていた。

## 暗殺の夜

文久二年（一八六二年）十二月上旬の赤穂に話を戻そう。第2章の出来事のあと、西川升吉と松本善治は上方を離れ、同年十二月六日には赤穂に到着したと思われる。そして、その三日後の十二月九日の夜、後世「文久事件」と呼称される暗殺事件が勃発する。

『司法省日誌』（明治六年＝一八七三年）には、村上真輔の五男・村上行蔵の口書（供述を記録したもの）が掲載されているが、そこには文久事件についても言及されている。

それによると、同日夜、升吉らは真輔の邸を訪問したという。升吉は、上洛するという名目で真輔に面会を要請したようだが、行蔵に言わせればそれは「詐」（詐《いつわ》り）であった。

応接間に現れた真輔。そこに五、六名の者が闖入《ちんにゅう》し、いきなり真輔に切り付けた。物音に驚いた行蔵と六郎（真輔の六男。行蔵の弟）はすぐに応接間に駆け付けるも「狼藉人」の姿は既になかった。部屋にいたのは、顔をはじめ五、六箇所に深傷を負った父・真輔だった。真輔は倒れており、脈は少しあったものの、六十五歳の老人ということもあり、その夜のうちに命は尽きた。

真輔の四男・村上四郎の証言『速記録』からも、同日夜の惨劇をまた別の観点から確認できる。

当日、四郎は赤穂藩十一代藩主で森忠徳の次男の森忠典に近侍しており、忠典から詩会に招かれていた。詩会には、家老の森主税や神吉良輔（儒者。四郎の姉婿）も列席している。同夜の詩会は、歌を詠むというだけではなく、お酒や軽食（握り飯・豆腐）が振る舞われた。四郎は詩を一首作った。

詩会がお開きとなったのが、夜の十二時に近い頃。参加者が後片付けをしている最中に、部屋に走り込んできたのが、神吉良輔の子息（村上四郎の甥）であった。彼は「村上は大変なことになっている」と四郎に伝達する。

そうしている間に、親族の者も駆け付けてきて、その夜、村上家で起きた出来事を四郎に伝える。四郎は、藩主・森忠典の御前に罷《まか》り出で「恐れ入りますが、親の変事でじっとしておられません。詩会で今夕は同勤の者も参って居りますので、要務は其の者に頼んで置きますによって、何卒、御免を被ります」と言上。忠典からは、そのような事情ならば少しも問題はないので「帰へるがよかろう」との言葉が下された。

四郎は、親族の者とともに、すぐに真輔の邸に帰ることになる。帰途、四郎は親族の者に、父の命に別条はないか尋ねても、しっかりとした答えが返ってこない有様だったという。「まず、不可と思へ」というくらいだったとのこと。父・村上真輔の身を案じつつ、実家へと急ぐ四郎。帰ってみると、真輔は既に息絶えていた。四郎は後にそのことを「酷いことでございます」と回想している。実家に着いて、暫くして、四郎は、真輔暗殺時の様子を周囲の者に尋ねたようだ。

## 村上真輔の暗殺

それによると、西川升吉が、真輔の邸を訪れ、取次を介して、次のように申し入れてきたという。「只今、三藩の有志の者から即時上京せよと云うことを申して参りましたから、早速、上京致しまするが、何か在京の若檀那（筆者註＝真輔の長男・村上直内）に御用がありますれば承ります。其の他、国事に付いての御用の筋をも承りたい」と。

時刻は十一時過ぎ。真輔は既に寝床に入っていたが、升吉と対面しようと思い、応接の間に向かう。すると、そこには六、七人の者が土足のまま乱入していた。そして、いきなり、真輔に斬りかかってきたのである。真輔に斬り付けた後、彼らは門外へと逃げ去った。暫く時が経つと、変事を聞いた行蔵や六郎が、脇差を帯して、急いで駆けつけてくる。だが、前述のように父親殺しの下手人はもうそこにはおらず。四郎の母（真輔の妻）が、真輔の身体にとりついて「しっかりなされい」と言葉をかけたが、応答はなく「ウーン」と言った程度であったという。

それから、四郎の弟である行蔵や六郎は、筋向いに住んでいる島田という親族の家に向かった後、真輔の甥・津田勉のもとに走ることになる。津田は手槍を持って、現場に現れたが、前述のように、犯人の姿は既にない。四郎のもとへは、それから報せがあった。

刺客は最初に二組に分かれていた。一組は西川升吉・八木源左衛門・松村茂平・松本善治・山下鋭三郎ら五名で村上家へ向かい、もう一組の青木彦四郎・西川邦治・山本隆也・高村広平・吉田宗平・濱田豊吉・田川運六・木村寅治ら八名は、森主税の邸に向かったのである。

## 森主税の襲撃

村上家襲撃組は、真輔を仕留めると、そのまま、森主税の邸に向かったようだ。刺客らは合流する（『速記録』）。が、主税の邸に向かったは良いものの、主《あるじ》は邸にはいなかった。「登城しておらぬ」という家の者に対し「それは嘘であろう」といって、土足で上がりこみ、主税を探す刺客団。十代の主税の養子・虎熊（丹波山家藩主・谷播磨守からの養子）にも、居場所を尋ねるも「おりませぬ」との回答であった。主税の養子は縛りあげられて、主税の居場所を追及されたという。主税は、本当に邸にはいないということが分かり、彼らは城門の外で、主税を待ち受けることになった。

前に述べたように、森主税は、その夜は、森忠典が主催する詩会に参加していた。詩会が終わり、主税は帰宅しようとするが、途中、二の丸門にさしかかる。主税が門を出ると、門番の者がすぐに門を閉めたという。そこに待ち受けていたのが、十三人の暗殺者だった。主税は剣術の腕が優れていたが、さすがに多人数で襲撃されては堪らない。「城門の廓石を小楯」にして防ぐなどしたようだが、ついに首級《しゅきゅう》を掻《か》き切られてしまう。

赤穂城の二の丸門跡には「かんかん石」と呼ばれる、二つの半畳ほどの石が置かれているが、この付近で、主税は斬られたとされる。二の丸門跡に赤穂義士会が設けた掲示板によると「小石を持って叩くと、かんかんという音をたてることから、誰言うとなく」そう呼ばれているとある。

主税が門を出ると、すぐに門番により、門が閉められたのは、門番が刺客に籠絡されたからとの説もある（『速記録』）。以上が『速記録』に見る村上真輔・森主税暗殺の顚末である。

## 下手人による斬奸状

森主税の掻き切られた首は、濱田豊吉らにより、桶に入れられて、大目付・宮地万之助の宅に運ばれた。宮地の家の戸を叩くと、取次の者が戸を開けた。濱田らは、森主税殺害の理由等を記した「上書」（斬奸状）と、首が入った桶を投げ込むようにして、そのまま立ち去った。一方、西川升吉らは用番・松本堅助の邸を訪れ、村上真輔の殺害趣意書を投げ込んで、逃亡した。

では、それら殺害趣意書には、どのようなことが記されていたのか。まず、森主税の方から見てみよう。冒頭に記されているのは、主税が「大任之職」（家老職）にありながら、少しも憂国の心なく、日夜、宴遊に耽り「驕奢増長」していたということである。自らの権威を振るい「慷慨忠直の士」を押し込め（森続之丞らを蟄居謹慎させたことを指すか）、「言路を塞ぎ」（君主・上役に意見を述べることを遮断）、士風を遊惰に落としたことが続けて非難されている。

また、赤穂藩の財政難により「下々」の者のなかには、困苦の余り、恐れながら藩主を恨み奉るような有様。そのような状況にもかかわらず、主税は、殿様（森忠典）が若年であることに乗じ我意を専らにして（独断的な考えを押し通して）、家中を遊惰に流した。そのことは我慢しがたく、時勢の機変を言上したが容れられず。更には、自らの罪を逃れようと謀り「奸曲の者」（悪巧みの者）を近付けた。そのようなことを放置しては御家の大事となる。

重職にありながら、御家を顧みない所業は、最早、天が許すところではない。憤怒に耐え難い。下賤の身でありながら重職の御方に斬害に及ぶのは恐縮であるが、藩の恩沢に浴してきた身としては、黙止しがたく、万死を顧みず、今回の行為に及んだ。「私」の怨みをもって行動したのではない。よろしくご処置を願いたい。

以上が、主税に対する殺害趣意書の主な内容である。升吉らは主税を日夜遊興に耽ると非難しているが、非難されるほどの遊興をしたとの証拠はない。「奸曲の者」を近付けたというのは、悪評ある山田兄弟を主税が近付けたことを指すと思われるが、これとても殺されるほどの理由ではあるまい。

では、村上真輔に対する殺害趣意書の内容はどうか。冒頭には、真輔が儒者の身でもって、長年、藩の政治に携わっていたこと、「御老練の」人物であることが述べられている。意外にも真輔をそれなりに評価する文言があるのだ。ここが「森主税殺害趣意書」との相違であろう。真輔に対する殺害趣意書でありながら、続いて、現れるのは、森主税の名である。

近来の「主税殿」の所業や、領内の下々の者の困苦を見過ごすことはできないと述べられている。そうした現状にあるにもかかわらず、真輔は、主税の奢りを取り押さえることもなく、下々の苦しみを救う処置をしていないと弾劾する。主税の奢りも、真輔の阿諛《あゆ》により増しているとも記されている。

また、真輔の長男・直内や、次男の駱之輔を上坂させたことを「天下の機変を察して、俄に正義（筆者註＝勤王）を表へ飾り、奸曲を企」ていると非難している。表面上だけ勤王を唱えているると批判しているのだ。後は、森主税に対する殺害趣意書と同じく、「私」の怨みをもって行動したのではないので、宜しくご処置を願いたいということが述べられ、上書は締めくくられる。

真輔は主税に対して、諫言しなかったと升吉らは責める。が、山田兄弟を近付けるな、身を慎めと真輔が主税に忠告していたことは、前に見た通りである。おそらく、彼らはそのことを知らなかったのだろう（いや、仮に知っていたとしても、彼らにとって、そんなことはどうでも良かったのではないか。どのようなことでも良いから、強引に理由付けして、主税や真輔を葬り去りたいという意思を殺害趣意書からは感じる）。

升吉らは、真輔が長男・次男を京都・大坂方面に遣わしたことを非難するが、升吉にその資格はないだろう。前述のように『速記録』には、升吉は真輔に「何卒、応分の御用を仰付けくだされば有り難い」と取り入り、その後、京都に派遣されていることが見える。粗暴な行為をして、幽閉された升吉に釈放後、訓戒したのも真輔である。升吉にとり、真輔は恩人といっても良いはずだ。その恩人を曲解・誤解により、升吉は斬ったのだ。

升吉らの行為を礼賛する書物『赤穂志士』は、真輔を「己の権勢を張り、一族一門の地位を擁護するを事とし」と難詰するが、誤解も甚だしい。真輔は、軽輩の升吉をも取り立てて、訓導していたのである。

## 暗殺事件はなぜ起きたのか

赤穂藩の下級藩士らが、同藩の要職にある主税と真輔を斬殺した理由は、これまで見てきた通りだが、筆者にはその理由が牽強付会《けんきょうふかい》なものに思えてならない。『速記録』の村上四郎の証言には、升吉ら下級藩士の心中にあるわだかまり、不満が指摘されている。

西川升吉には前に一度召捕られたことの恨みがあり、それが増長したという。升吉の兄・西川邦治にも、弟と同じような考えがあったとする。濱田豊吉は、亡兄（佐平）の家が不都合あって断絶していたことに不平を募らせていたとする。

八木源左衛門は四郎によると「素性は実に好くない」とのことで、かつて、官金を消費し、役職を罷免されたこともあった。よって、それ以来、様々な人に「役につけてもらいたい」と嘆願していたようだ。

山本隆也は、八木源左衛門の弟であるが、小頭役を務めていた。しかし、四郎によれば、この山本も「貪欲」「随分悪いことをした者」「恩を以って仇とする」ような性向であり、兄の立場に同情していたという。松村茂平は小頭を務めていたが、それを罷免され不平に感じていたとのこと。青木彦四郎は、他人が江戸に金を送るのを横領したということだ。

田川運六は、父・文平が変死し、それがために家禄を削られていた。よって始終不平であったと四郎は述べる。山下鋭三郎は、実家の石野家が断絶してしまい、それが不平であったとされる。養父の山下恵助は、鋭三郎に同情していたという。

松本善治は、その姉が八木源左衛門に嫁していた縁により意気投合していた。木村寅治・高村広平・吉田宗平を、四郎は「何れも不学短才の軽輩」と一刀両断、私恨私欲のために惑乱されたと説く。升吉らは自らの行動を私怨ではないと主張していたが、四郎の説明は、それとは真逆である。

## 暗殺に黒幕はいたのか

升吉ら十三名が森主税と村上真輔を襲撃した事件には黒幕はいたのであろうか。姫路藩の尊攘派で、升吉と交流があった河合惣兵衛が文久事件の裏にいたのではないかという説については、四郎が「まさかあの人の指揮をうけてやったものではなかろうと思います」と否定している。『速記録』の四郎証言によると、襲撃者十三名の他にも彼らに同志は多数いたであろうが、そのなかでも特に関係が濃厚であったのが「野上鹿之助・疋田元治・山下恵助」とある。そしてこの党派と「もう一つの党派」が結び付いて「暴挙」に及んだと断言する。四郎が述べる「もう一つの党派」とは、失脚していた森続之丞の党派のことである。

赤穂義士たちと森続之丞の党派は、本当に結び付いていたのであろうか。土佐藩京都勤番の目付役下横目源蔵は、文久事件後の十二月二十二日に、赤穂に入り、状況を調査しているのだが、その際の復命書を、土佐藩士・手島八助が日記に書き留めている。そこには、赤穂藩家老・森主税と用人・村上真輔を斬った十三人は森続之丞・吉村牧太郎・三木惟春その他十四名と「兼て同志」と記されているのである（ちなみに、そのなかに各務兵庫の名はない）。

この記述によって、升吉らと森続之丞一派が結び付いていたことが分かろう。四郎は、升吉らが私恨私欲に惑乱され、暴挙に及んだと言う。「私恨」については前述したが、それでは「私欲」とは何であろうか。「これ程のことをやったならば、上に引張りがあるから、士分に取り立ててもらえる」と升吉らは考えていたという。森続之丞らから、主税や真輔を殺害したならば「槍一筋の士（それ相応の身分の武士）にしてやろう」との甘言があったのではと、四郎は推測しているのだ。

文久事件後、藩中での噂においても「今度、彼等は、槍を建てて帰るそうな」というものがあったという。森続之丞一派は、復職のため、升吉らを利益をもって唆し、凶行に及ばせたというのだ。

書物によっては、更なる黒幕の存在を指摘するものもある。例えば中沢巠夫『明治暗殺史録』は「真輔、主税暗殺の原因は追放された寅次郎の計画で、続之丞の復職運動のための行動なのである」と記している。

「寅次郎」とは、森続之丞派として勘定奉行にまで抜擢されるも、失脚し、赤穂藩を追放された鞍懸寅二郎のことである。

しかし、筆者は、寅二郎は文久事件には無関係であると推察する。赤穂の変事を寅二郎は京都で聞いたが、彼は驚き、野上鹿之助（寅二郎の姉婿）に書状でその実否を問い合わせたというからだ（江原万里『鞍懸寅二郎　勤王の志士』）。

ちなみに、同書の著者・江原氏は、寅二郎の孫に当たる。寅二郎が野上に宛てた書状は、江原氏によると、紛失してしまい現在（同書の出版は一九六一年）はないとのことだ。文久事件の二日前の十二月七日に、寅二郎は山下鋭三郎の養父である山下恵助に手紙を書いているが、そこには、恵助が先月（十一月）に姫路に来て寅二郎と面会したこと、十二月一日に寅二郎が津山を発ち、同月六日に大坂に到着したこと、五日の昼に「兵庫茶店」にて西川升吉に似た人を見つけたが、彼（西川）とは「六七年」も会っていないので人違いであったら困るので声をかけなかったことなどが記されている。

寅二郎もまた勤王の人であったが、升吉のような過激な行動をする者は、好みではなかったという。そのようなことから見ても、寅二郎は文久事件の黒幕ではないと思われる。とは言え、寅二郎が森主税や村上真輔のことを快く思っていなかったのは事実である。

寅二郎は、事件後の文久三年（一八六三年）二月四日付で、森続之丞に書状を書いているが、そのなかにおいて、主税と真輔のことを「二罪魁」（悪事の張本人二人）とし、その斬死を「元禄已来（以来）の快事」としている。元禄十五年（一七〇三年）、大石良雄ら赤穂浪士が吉良邸に討ち入り、吉良義央らを討った事件にも比すべきことと評しているのだ。そして、事件後に続之丞や吉村牧太郎が「再勤」(復職)したことを祝している。

が、寅二郎は手放しで事件を肯定するばかりではなく「軽輩が大臣を誅する国辱」とも表現し、続之丞に関しても「何卒、人望に背かぬよう、粉骨砕身して、働いてください。もし、命を惜しむ心があるならば、再勤の甲斐もないでしょう」と戒めている。寅二郎は同書状のなかで「恐れながら」としながらも、老公(前藩主・森忠徳)を「ご性質ご軟弱」と非難。

忠徳の愛妾・花江の「お下げ願い上げ」(離縁願い)の一件から、忠徳は「私ども」、すなわち続之丞や寅二郎まで疑い始めたと記す。更に、忠徳は「二姦臣」(森主税・村上真輔)に恐怖し、出勤しなかったと批判する。批判の矛先は、財政改革頓挫の際の続之丞の対応にも及び「執事」(森続之丞)の勇気が薄いために失敗したと述べる。森続之丞の家は、藩主と縁戚でもあるのだから、譴責されたとしても「国(赤穂藩)の大事に当たって」は率先して意見・議論すべきだったと寅二郎は言う。

あの時、続之丞が主税と大目付に対し、しっかり物を言い、対決して、言い負かしておれば、老公も奮発されて出勤していたに違いない、そうなると流れはまた変わっていた、つまり、続之丞や自分（寅二郎）の失脚はなかったはずだと言うのである。続之丞方が勝ちを収めていたならば、主税や真輔は蟄居の身となっていたであろうから、彼らの悪行も増長せず、今回のような変事もなかっただろうと推測する。

寅二郎は、赤穂藩のため尽力したい気持ちはあるが、現在は津山藩主の知遇を受けているため、それはできないと書いている。ちなみに津山藩は、十七世紀後半より、松平家が藩主だったが、それ以前は、森家が藩主であった。寅二郎が文久事件の黒幕ならば、喜び勇んで赤穂に帰るはずであるが、そうでないということも、寅二郎黒幕説の否定の論拠となろう。

## 土佐勤王党が手本か

このようにして文久二年（一八六二年）十二月九日、赤穂の下級武士らは、同藩の要職にある者を討ち取ったが、この暗殺計画（事件）に「手本があったのでは」と指摘する見解もある（福永弘之「もう一つの『忠臣蔵』1」）。

その手本とは、同じ年の四月八日に起きた土佐藩における吉田東洋暗殺事件だ。東洋（一八一六～一八六二年）は、上士の出。土佐藩の参政であり、改革に邁進していたが、藩内の尊攘派志士から反発を受け、土佐勤王党の那須信吾・大石団蔵・安岡嘉助らにより、暗殺される。土佐勤王党は、土佐出身の武市半平太（瑞山）らにより、文久元年（一八六一年）に結成された。

郷士だけではなく、上士も含む約二百名の武士が同党に加わったが、そのなかには、あの坂本龍馬や、西川升吉と交流があった平井収二郎の名も見える。

東洋は、土佐藩主の山内豊範への講義を終え、自宅への帰路、降りしきる雨のなかで、暗殺された。暗殺が夜間、そして下城途中というところが、文久事件と似ている。

升吉が平井収二郎から東洋暗殺のことを聞き、参考にしたとしても、おかしくはないだろう。升吉は収二郎と面会した時に「真輔と申す者を除かねば、国（赤穂藩）は振るわない」と語っていたようだ（土佐藩士・小原与一郎の日記による）。一方で森主税のことについては、何も語らなかったという。

暗殺事件の直前、大坂にいた升吉は、交流ある但馬豊岡藩の志士・田路平八郎に依頼し、自らの書状を平井収二郎に届けさせている。田路は、収二郎に、赤穂藩の要職にある村上真輔を斬るという升吉の決心や、暗殺実行後、実行犯が「七・八人脱走、上京」するので宜しくということを伝えたようだ（瑞山会編纂『維新土佐勤王史』）。これを聞いた収二郎は、赤穂脱走は下手人のみとし、他の同志は赤穂に留まり、「藩論を勤王に決せしめよ」と、田路に述べたと言われる。土佐の平井収二郎は、赤穂で暗殺事件が起こり得ることを事前に知っていたのだ。文久事件には、土佐の尊攘派が絡んでいたことが、ここから理解できよう。升吉らは、内では森続之丞一派と結び、外では土佐の尊攘派と連携し、事を起こしたのだ。穏便な方法では藩政改革は成らずとして、過激な行動に打って出たのである。

村上真輔殺害は、真輔の四男・四郎が「やみくもに、ところ構わず切ったのでございます。誠に心外でございます」(『速記録』)と憤《いきどお》るほど無惨なものであった。

暗殺団のうち八名(青木彦四郎・西川邦治・山本隆也・高村広平・吉田宗平・濱田豊吉・田川運六・木村寅治)は、その夜のうちに赤穂を発ち、姫路へと向かった。姫路では河合惣兵衛と対面している。その後、明石に向かう。

そこから船で大坂に赴き、十二月十三日に京都に到着した。真輔を殺した五名(西川升吉・八木源左衛門・松村茂平・松本善治・山下鋭三郎)も姫路に向かい、河合惣兵衛に会っている。そして三木街道を通り、大坂へ。大和路を経て、京都に着いたのは同月十四日であった。

八人組・五人組ともに、土佐の平井収二郎の京都の定宿(三条木屋)に入っている。八人組は当初は上京する予定ではなかった。赤穂に留まり罪を待つつもりであった。が、大目付・宮地万之助の宅に斬奸状と首桶を持参した際、門前で追い払われたので、首桶を玄関に置き「一時計り」（約二時間）も周辺で佇んでいたが、ついに応答がなかったので、姫路へと向かったという。

姫路で河合に面会した際に、上京を勧められたので、八人組も上洛したと言われる。これら赤穂藩の十三名は、十二月十五日、伏見から高瀬舟に乗り、土佐藩の大坂住吉陣屋に入る。そこで、文久三年（一八六三年）三月八日まで滞在することになる。

## 河原駱之輔の死

森主税と村上真輔を殺害した西川升吉ら十三名は、赤穂から上方に逃亡する。真輔の親族たちは、赤穂藩が下手人を追跡・捕縛して、処分を下すものと当初は考えていたようだが、そうはならず、逆に苦難を強いられることになる。真輔の四男・四郎は、明治四十年になって当時のことを語っているが、その時、「長く苦心を致しましたもので、何卒、御賢察を願います」と落涙するほどだった。往古の苦労と無念さを想い、感情がほとばしったのだろう。以下、主に『速記録』に沿って経緯を概観する。

森主税亡き後、権力を握ったのは、それまで逼塞していた森続之丞であった。よって、主税や村上一族には厳しい処分が下され、森主税の養子・虎熊には、閉門が申し渡された。暗殺の翌日夜には、藩からの検使が村上邸にやって来る。村上四郎が邸に戻ってみると、役人が青竹を斜め十文字に打ち付ける音が聞こえてきたという。閉門の準備をしているということだ。四郎自身は、藩主・森忠典の近侍を免じられ、閉門を命じられた。

赤穂藩の追及は、亡き村上真輔の長男・直内と次男・駱之輔にも及ぶ。彼ら兄弟が変事を聞いたのは、大坂であった。事件から三日後の十二月十二日、赤穂からの早飛脚が大坂に到着した。「それは、容易ならぬ」ということで、兄弟はその夜のうちに大坂を発つ。船で赤穂に向かうのだ。彼らが赤穂の新浜海岸に着いたのは、翌日のことであった。赤穂藩の情勢が一変したのもあり、安易に上陸しては身に危険が及ぶことを彼らは警戒したのだろう。すぐさま上陸せずに、姉婿に当たる神吉良輔に人を遣わして、問い合わせをしている。

藩内には「直内も駱之輔も斬ってしまはねばならぬ。帰って来たら途に待ち伏せて、斬り殺してしまおう」というような噂が激しく流れていたので、良輔は赤穂上陸は今は断念するように使者を走らせ伝える。二人は変事を知りつつ逃げるのは心外と感じたようだが

「命あっての物種」ということで、小豆島（香川県小豆郡）に難を避けることになった。小豆島の知人の俵廣平のもとに身を寄せ、二、三日すれば帰ろうという心積もりだったようだ。

実際、二人は十二月十六日の夜に赤穂の掛場沖に着船。夜半に実家に辿り着いた。駱之輔は一晩を実家で過ごし、翌日、自宅に戻る。すると、番人が三人付くようになったという。駱之輔を監視するためだ。もちろん駱之輔のみならず、村上一家もろとも監視が付いていた。直内の監視人は、駱之輔より一人少なく、二人であったようだ。直内は家族を親類に預けたということもあり、在宅人数の関係から番人が減らされたのだろうか。

駱之輔は、自宅に帰ると番人に対し「皆の者、ご苦労の至り。自分は決して逃亡しない。只、門外を気を付けくれよ」と言い、酒肴を振る舞ったと言われる。駱之輔は学者でありながら、豪胆な人物だったと言えよう。同月十八日、駱之輔に対し、大目付・宮地万之助のもとに出頭せよとの命令が下る。大目付のもとに赴くと、駱之輔は次のように申し渡される。「その方にかねて閉門を仰せ付けていたが、御家風に相叶わないので、永のお暇を仰せ付ける」と。役儀御免のうえ、赤穂からの早々の立ち退きを命じられたのだ。

駱之輔は「御命令の趣は畏まりました。しかし、どのような罪状があるのでしょうか。理由を承りたい」と当然の返答をする。だが、大目付は「罪状は申すことは出来ぬ。御家風に適はんから不可ということであるから、お受けなさるがよかろう」と言うのみで、明確な罪状を口にしない。よって、駱之輔は諦めて、無体な命令を「受けて」帰ることになった。

帰宅した駱之輔は、家人に事情を説明し、立ち退きの準備を始める。そこに河原家に出入りの者や、親切な人々がやって来て、駱之輔に危機を知らせる。駱之輔を襲撃しようという者がおり、出歩くのは危険だというのだ。そうした報せが矢の如く入ってきたという。しかもその報せは「彼の方角には何人、此の方角には何人、何処やらにも何人と、それぞれ出口を遮り待伏せて居る」という具体的なものであった。この時、駱之輔を要撃しようとした藩士は、島田喬・香取官三郎・延原彦太郎・大国武右衛門・枝本琴治ほか十五人ばかりであったという。何と直内の従僕・佐吉もそのなかに加わっていた。

駱之輔を襲撃せんとする多数の報せ。しかし、駱之輔は「まさか、そのようなこともありもすまい」と言って、槍などを小者に持たせて、邸を出立する。だが、半里も歩かないうちに、駱之輔襲撃の計画が、またもや彼のもとに知らされる。駱之輔は足が悪く、それもあって武芸の腕は立たなかった。それ故、学問でもって藩の役に立ちたいとの想いで精進を重ねてきた。そうしたことから「狗鼠輩（筆者註＝詰まらない人間）の手に死するは実に心外」

との心境となり、駱之輔は河原家の菩提寺・福泉寺（兵庫県赤穂市）まで引き返すのであった。

窮した駱之輔は、自刃することを決意する。駱之輔は、寺に親族や旧知の者を呼び、多くの遺書を書き、後事を託したという（四郎などは閉門中の身であり、駱之輔と対面できなかった）。親族は、大目付などに「暫く、（駱之輔を）親族にお預けくださるまいか」と、駱之輔の助命嘆願をするが、先方は「忠義と思えば切腹するより他はない」との非情な返答。

駱之輔は「実にむさ苦しい死に様をするは、如何にもその恥を後世に残す訳であるから、立派に死んだ方がよい」との覚悟を持っていたので、潔く自刃する。介錯は、妻の父・八木代太郎であった。介錯の助手は、養父の甥の豊岡與（与）一。自刃後、寺に藩からの検使が訪れる。與一は、駱之輔の首の頭髪を握り、涙を呑んで、検使に差し出した。そして首実検が行われたのである。駱之輔の遺骸は、その夜、赤穂市加里屋の龍安寺にある河原家の墓地に埋葬された。駱之輔の墓はのちに移設され、現在、赤穂城下の福泉寺にある。

福泉寺には、駱之輔が親族・知人のために記した絶筆が伝来しているが、その文言は「報国」であった。他にも「赤心」「生忠死孝」「秋霜烈日」という文言もあったという。また、赤穂市立歴史博物館には、同じく駱之輔の絶筆の書「雪冤《せつえん》在天」が所蔵されている。「雪冤」つまり「無実の罪であることを明らかにすること」は「天に在り」。これは、雪冤は天命を待てという駱之輔から親族への遺言ともとれる。駱之輔は、兄・直内や弟の農夫也・四郎・行蔵・六郎たちが、自らの雪冤のため、動いてくれることを期待して、死についたのであろう。しかし、赤穂藩内の現状では、雪冤に向けた行動は困難や危険を伴う。それを予期して、早まってはならぬという想いを込めて、駱之輔は天命を待てとの言葉を親族に遺したと筆者は考えている。では、残された村上一族は、どのようにして、その困難を切り抜けていくのであろうか。

第4章

# 暗殺者と被害者の軌跡

## 文久事件後の赤穂藩の動向

森主税・村上真輔の暗殺には加わっていない西川升吉らの主要な同志としては、山下恵助・野上鹿之助がいた。前掲の主税らの殺害趣意書は、恵助が執筆したものである。文久二年（一八六二年）十二月十日、すなわち暗殺の翌日には、趣意書は恵助が執筆したということが、赤穂藩の用番や大目付のもとに伝えられた。恵助・鹿之助は、下手人十三人と同志であることを伝達したのである。

十二月十一日、用人主席（上席）となった森続之丞は、恵助に升吉らの身柄受け取りを命じた。十二月十四日、早速、恵助は、吉村牧太郎・中村貫之丞と共に、赤穂を出立、上京している。

京都に到着した恵助は十二月二十一日、土佐藩の平井収二郎と面会する。恵助らは平井に「赤穂藩では十三士の帰藩を望んでいるので、重役の評議の結果を受けて、出迎えに参上した」と伝える。だが、平井は、変事からわずかな日数で人心が安定しているはずはない、十三士を帰藩させたら、また如何なる変事が起こるか分からないとの理由で、引渡しを拒否。恵助は、平井の意向を尊重することにし、すごすごと引き下がることになる。以上は『高野の復讐』が記すことである。

吉村牧太郎・中村貫之丞らは、赤穂藩に状況報告書を提出するが、それに対する松本堅助・中村三郎兵衛・藤田九十九・森続之丞の署名が入った返状（文久二年十二月二十九日付）が残されている。それによると、吉村らは「両通ノ御状」（二通の書状）を提出したようである（報告書が到着したのは、十二月二十七日）。

報告書には、十三士が当初、土佐藩の者に匿《かくま》われていたこと、その後、住吉屋敷に移動したこと、その際、守衛なども付けられたこと、長州藩・薩摩藩士も十三士に配慮したこと——例えば、長州藩は医師を遣わした。薩摩藩は手当を下した——などが記載されていたようだ。

返状には、長州藩や薩摩藩の配慮に感謝し感涙に堪えないとある。続けて記されているのは、殺害された森主税・村上真輔の遺族のことだ。森や村上の子供や親族らが十三士らを「不倶戴天《ふぐたいてん》の仇」と考えて行動すれば容易ならざることになると警戒している。そうなれば三藩（薩摩・長州・土佐藩）や天朝（朝廷）に対して相済まぬことになるとも述べる。

よって、森や村上の遺族を銘々が説得・教諭することが重要だとする。これらのことを「承知致し候」と返状にあるので、恵助や吉村らにより、提言されたことだろう。返状には「何れは倅（村上真輔の子供）共を屈服させて、誓書を提出させせたい」という旨も記されている。藩の重役らは、森や村上の親族に「十三士らに遺恨を持たず、復讐しない」という誓書（起請文）を提出させる腹積もりでいたのだ。しかし、村上真輔の子息らは他藩へ養子にいっている者もいる。

そうした者たちには急ぎの沙汰（手続き）はできないので、まず、赤穂藩の村上の縁者だけでも「国家（藩）の為」に「屈服」させなければならないとする。こうした赤穂藩重役の意向が極端な形で現れたのが、前章で述べた河原駱之輔の追放であり、その死であった。

駱之輔は、門下生も多く、森続之丞ら藩の上層部としては、たとえ、駱之輔を幽閉したとしても、いずれは巻き返しを図られる可能性もあると考えたのだろう。追放処分にしたとしても、駱之輔の交友関係の広さから考えると、同じ帰結を辿《たど》ると思われたのだ。そうした森続之丞らの思惑があったので、駱之輔はあのような悲劇的な最期を迎えなければならなかったのだろう。

## 直内の心情と起請文

駱之輔の弟・村上四郎は兄弟三名のなかでは一番軽い処分であって、まず、三十日ばかりの閉門を命じられた（四郎は、赤穂藩士・須知家の養子となり「須知正路」と名乗っていたが、煩雑であるので、ここでは村上四郎で通す）。その後は謹慎ということになった。

駱之輔の兄・村上直内も閉門を命じられたが、その期間は四郎より長く翌年二月下旬まであった（『速記録』）。その間の十二月二十八日、直内は駱之輔の妻・お孝に書状を書いている。それは弟・駱之輔が自刃してから十日後のことだった。

書状の冒頭、直内は、お孝や駱之輔の子・損二郎（後の亀次郎）を「支障なく暮らしていますか。くれぐれも、御身、大切に」と気遣う言葉を記す。その後には、駱之輔が生前に認《したた》めていた詩文・唐紙・小ぎれなどは粗末にせずに、仕舞っておくように伝えている。直内は、自分たちも「駱之輔同様、今日か明日かと死を待つ心地であり、覚悟している」と極限の状況にあることを告げる。しかし、今日までは別段何事もなく、日々が過ぎていると同時に書いている。少しホッとしたような直内の心情を窺うことができる。「万が一、生命があるならば」直内は、損二郎を「我が実子と思い」養育しようと考えているので、「何事も天に任せ」て待ってほしいと、お孝に表明する。

たとえ、自分（直内）が死んだとしても、弟たちである三男の池田農夫也、四男の村上四郎、五男の村上行蔵、六男の村上六郎がいるので「必ず必ず気丈夫」に暮らすよう、直内はお孝を激励するのであった。

明けて文久三年（一八六三年）一月六日、赤穂藩の御物頭役・江見又兵衛は、村上真輔の女婿・神吉良輔と津田蔀を自邸に招き、次のように忠告したという。

それは「下手人は、近日、藩に帰参させることになっている。村上・河原両家の者は、下手人が帰参すれば、直ちに復讐するとの噂がある。しかし、仮にそのようなことあらば、両家にとって宜しくない。そのうち機会があれば、正邪が判別され、雪冤の日もあろう。とにかく、心得違いのないように」との懇切な内容だった。

江見は、村上家に同情する者であった。その四日後（一月十日）、直内をはじめとする村上家の兄弟、河原家の人々は、大目付・宮地万之助の役宅に呼び出された。そこで彼らは「西川升吉ら十三人の行動は暴挙ではあるが、それは御国のため、我が藩のためである。私怨を晴らしたものでないことは、三藩のみならず、我が藩の重役も認めている。何より、それは大殿も既にご承引されていることだ。よって、本藩では、十三名を呼び迎え、帰参させることが決まっている。そうであるので、彼らを仇として狙うことは、朝廷に対しても恐れ多いことだ。土佐藩もこの点を案じている。今後、私怨により、復讐しないと誓う誓紙を提出されよ」と申し渡されるのである。村上・河原両家の者は、断腸の想いだったであろうが、君命ということで、承知し、退出する。

文久二年の十二月二十日過ぎには、変事の顚末が、赤穂藩の江戸藩邸に知らされたが、当然、一同は驚愕した。本来ならば、大殿（森忠徳）が赤穂に戻り、事態の収拾をはかるべきなのだが、大殿に恨みを持つ者もいることが案じられ、代理として、忠徳の叔父・森忠悌が帰藩することになった。文久三年（一八六三年）正月二十三日、森忠悌は赤穂に入る。その翌日、家中の者が、本丸内の大書院に召集された。忠悌からは「自らが殿の代理として政務を執ること。万事、自分の指図に従い、背かぬこと。藩の政事向きのことで意見があれば、遠慮なく、申し出よ」との言葉があった。村上側の神吉良輔・津田蔀・村上四郎・津田勉治郎（後の勉）・村上行蔵は、忠悌に嘆願書を提出している。

嘆願書の内容は、下手人の西川升吉らを放置していることを難詰し、この森主税・村上真輔暗殺事件を闇のなかに葬ろうとするならば、他年、親類や門人が報復するかもしれず深く心配していること、何卒、公平の御裁許を仰ぎたいというものである。堂々と村上側の姿勢を表明したのだ。

文久事件後、閉門を命じられていた村上直内は、病気となっていた。その直内に文久三年（一八六三年）二月下旬、赤穂藩から沙汰があった。格禄を召し上げられたうえ、病気であるということなので「御憐愍」（憐れみ）をもって、弟・村上四郎に預けるというのである。また、直内の母は、里方である神吉氏が引き取ること、家族は親類が引き取り、世話すること（妻は里方の龍野の岡村半兵衛が引き取る）、直内には「御憐愍」をもって「捨扶持三人扶持」「諸道具」が下されることも併せて命じられた。直内を預かることになった四郎にも、藩から命令があった。それは「其方」（四郎）へ直内を預けること、直内を親類以外の者と対面させないように気を付けること、四郎はこれまで通り謹慎せよとの内容であった。

## 土佐の政変と赤穂十三士

赤穂藩は、西川升吉ら十三士を匿う土佐藩と引き渡し交渉をしていたが、その最中に事件が起こる。十三士を庇護《ひご》し、交渉にもかかわっていた土佐の平井収二郎が、帰藩を命じられたのだ。土佐の老侯・山内容堂の怒りに触れたことが理由である。

土佐勤王党に属する収二郎は、武市半平太（瑞山）らと他藩応接役を務め、京都で奔走していた。だが、勤王党が構想する藩政運営方針を土佐藩庁が容れないのを憂慮し、皇族・中川宮朝彦親王の令旨を得て、藩政を改革しようと工作したため、容堂の怒りをかったのだ。帰国させられた収二郎は、文久三年六月八日、切腹の刑に処せられた。

収二郎の帰藩後は、同藩の土方理左衛門が他藩応接を担当する。赤穂藩は、収二郎が罪を得て帰国後も、赤穂十三士の引き渡しを土佐藩に求めていた。安政の大獄により、幕府より謹慎処分となっていた前藩主・容堂が処分を解かれ、土佐に帰国して藩政を掌握したことにより、藩論は一変し、容堂は土佐勤王党の弾圧に乗り出す。

そのことは、赤穂十三士の引き渡し交渉にも影響を与えた。当初、十三士の引き渡しを渋っていた土佐藩が、ついに赤穂藩に引き渡すことを決定したのだ。森続之丞は、元赤穂藩士で当時は津山藩に仕えていた鞍懸寅二郎に十三士の引き渡しの件についても相談していた。

寅二郎は、十三人の者が事件後、赤穂藩に処分を仰がず、大藩（土佐藩）のもとに遁れ隠れたとあっては、周囲から命を惜しむもの、武士道に反するものと見做《みな》されると考えていた。また、十三人をそのまま帰藩させたら「天下の公法」に照らし、投獄の上、死罪を命じられても致し方なしとも考えていた。よって、十三士には、帰国の上、生命を投げ出して自訴させ、その一方で土佐藩からは十三士の助命手形（助命勧告書）を交付してもらう。そうすれば「極端の処分」（死罪等）を赤穂藩は行わずに済むと寅二郎は見做していたのである。続之丞もその方針に賛同する。

赤穂藩からは中村貫之丞が京都に派遣された。当時、寅二郎は、応接役として在京していたが、中村とともに、武市半平太に、十三人帰国のことを依頼していた。半平太からも「十三士の助命手形がなければ、首尾良くいかないのではないか」との返答があったようだ。そして、都において、赤穂の中村貫之丞と土佐の土方理左衛門が会談する。大坂において、十三士と引き合わせることなどを話し合った。

## 十三士の赤穂帰還

三月八日に大坂にて、中村と対面することを十三士は承服した。同日夜、「竹しき」という旅籠屋で、双方は面会。翌日、十三士らはすぐに大坂を船で出立し、中村は土佐藩からの助命手形も受け取った。十三士は姫路に立ち寄ったのち、三月十四日に赤穂の坂越に到着した。十三士は翌日夜に帰宅するのだが、彼らには思わぬ運命が待ち受けていたのである。

文久事件直後は、事情が分明でなかったこともあり、赤穂の町民のなかにも、主税や真輔の殺害を喜ぶ者が多く、升吉らの行動を「赤穂の桜田」、すなわち水戸浪士らが井伊大老を襲撃・殺害した桜田門外の変の赤穂バージョンであると称したり、「元禄以来の快挙」として讃える声もあった（『赤穂志士』）。だが、時日が経過することにより、真相が明らかになってくると「村上側に同情するもの次第に加」（『高野の復讐』）わるという有様となった。用人格の藤田東藻・中村三郎兵衛・中島佐門・江見又兵衛らは、村上方として、十三士の「暴挙」に憤慨していたし、赤穂藩の現状にも不満を抱いていた。

十三士が帰藩した当時、十三士に理解のあった森続之丞が病のため引き籠もっており、代わりに老齢の藤田東藻が政務を執っていた。赤穂藩の状況は、十三士にとって不穏なものになっていたのだ。そのことを察した西川邦治・升吉兄弟は帰藩直後の三月十六日、土佐藩の土方理左衛門らに宛てて書状を書いている。書状には、大坂を発してからの足跡が記されるとともに、自分たちが帰藩後すぐに「同列預け」の処分になったことが述べられている。藩の様子を探ってみても「正義」（勤王）という状況には程遠く、「有志（仲間）の輩」にとって悪い状態になっているとも記されている。いずれ、自分たちが「揚屋入」（牢屋入）を命じられるのではないか、その後、重罪処分になるのではないかと升吉らは推測し、三日のうちに投獄されるのではないかと踏んでいる。

升吉らは、重罪は苦でもないが、「斬姦」（森主税や村上真輔を殺害したこと）の一挙は「尊王攘夷の正気を一藩に奮起するため」であり、重罪により有志の志を圧迫されることは残念だと嘆き、「赤穂藩の重役共の考えは宜しくない」と非難している。その上で土佐藩士に「処置の次第によって、赤穂藩と直々に議論してほしい」と訴えたのだ。事と次第によっては、森忠悌か森続之丞か藤田東藻に議論してもらえたらありがたいと、その指示は具体的だ。

この書状を送ったことは内密にしてほしいと土佐藩士らに頼み込んでいる。書状の最後には、この後は手紙を書くことは叶わぬであろうこと、赤穂藩が勤王藩になるように、有志の益々の奮起を求めるとの内容で締め括られている。

この時、升吉らは「尊王攘夷の正気」を赤穂藩に奮起させるために、森主税と村上真輔を斬ったと主張しているが、前に見た斬奸状には、そうしたことは一言も見えない。そうしたことを考えるに、升吉らは敢えてここで「尊王攘夷のために」ということを前面に出すことにより、土佐藩有志の歓心をかって、介入してもらい、赤穂藩からの重刑を避けようとしたと思われる。三月十八日、升吉ら十三士は「牢屋敷内に、揚屋体のものが出来たので、只今より、これに移る」ことを命じられる。同月二十九日には、山下恵助にも揚屋入りが命じられた。野上鹿之助と疋田元治には遠慮（居宅での蟄居）が申し渡される。

## 十三士の助命嘆願

ここにきて、病気が全快した森続之丞が登場してくる。続之丞は、升吉らを処刑することは、土佐藩の助命手形があることから即断してはならない、同藩と協議するべしと森忠悌に提案する。それは受け入れられ、四月に入り、土佐藩の住吉陣屋では両藩の協議が行われた。続之丞は、土佐藩に介入してもらい、升吉らが重罪に処されることを回避しようとしたのだ。

土佐藩の他藩応接を担う土方理左衛門は、赤穂藩の要望を受け入れ、阪本竹助・尾神寅吉という二人の藩士を赤穂へ遣わす。両人は、森忠悌に拝謁し、十三士の助命嘆願を行った。土佐藩の介入の甲斐あって、升吉らを極刑に処すことは見合わせとなる。

しかし、升吉としてはそれでも心配だったのだろう。同年五月一日に土佐藩の土方理左衛門・谷作七らに対し、書状を書いている（吉田宗平と連名）。阪本竹助・尾神寅吉を赤穂に派遣してくれたことへの御礼を述べるとともに、彼らが帰ってからの、升吉ら側から見た赤穂藩の情勢が綴られている。「奸賊の残党」が、我ら十三人はもちろん、その他の仲間まで倒すべく森忠悌に様々申し入れているようだと升吉らは推察している。十三人は既に生命を擲《なげう》っている者ではあるが、四月二十九日には、山下恵助が獄に繋がれた。その他の有志の者にも探索の手が伸びようとしている。そのような状況のなか、十三人が厳科に処せられては残念なことだと升吉らは嘆くのである。

続いて升吉らは、赤穂藩の「流弊」（以前よりの悪習）を嘆き、それ故に「皇事」（勤王）を勤めることができない、そのことは主家の安危にもかかわると危機感を滲ませた上で「今、再びの援助をしてほしい」と願う。具体的に言うと、森忠悌と直に議論してほしいと嘆願している。同書状には「奸物」のために惑う者として、森忠悌と用人の中村三郎兵衛・中島佐門の名が列挙されている。そして「奸賊」として、中島の兄・江見又兵衛、木元繁之丞、豊岡與一ら多数いることも記される。隠居の森忠徳が五月二日に赤穂に帰国するとのことなので、それを待って、速やかに処置があるのではないかと升吉らは想像している。

赤穂藩の「正義」（勤王）が成り立ち、尊王攘夷の論が一致するまでは、どうしても存命したいと升吉らは心情を吐露している。また、赤穂藩の癖として、他藩からの申し入れがあり議論した際は、表向きは程よく済ますも、その後、何も変わらないと指摘し、この点をよく承知いただき、強く議論してほしいとも願っている。赤穂藩の有志が探索されては、いずれ、各務兵庫や森続之丞にも災いが及ぶことになるとして、幾重にも御配慮願いたいと末尾に記す。

この手紙は獄吏の目を忍び書いたものであるので乱筆ご容赦ありたい、と記されていることから、緊迫した状況が垣間見える。升吉らは、土佐藩のみならず、姫路藩の河合惣兵衛やそれに与する同藩士・坪内岨次郎にも救援を請おうとした。様々な方面に手配して、赤穂藩に圧力をかけ、重罪に処されることを避けようとしたのだ。

**裁きの行方**

升吉らが書状に記しているように、文久三年（一八六三年）五月二日、江戸にいた大殿・森忠徳は、赤穂に帰城する。文久事件の処理のためである。

だが、即刻の処分決定とはならなかった。村上方、そして森続之丞（または十三士）方、双方が自分たちの言い分を主張したために、結論がなかなか出なかったものと思われる。

六月七日には、土佐・肥前・長州・安芸の藩士ら十三名が赤穂を訪れ、升吉らを入牢させたことに抗議した。そうしたことがあって、六月二十八日、いよいよ、処分が申し渡される。まず、升吉らには、取り調べがあるとして、揚屋入りを申し付けていたが、格別の理由をもって、揚屋入りを差し許すと伝えられ、同時にみだりに領地外に出ることを許さない他参留も命じられた。

ところが、暫くすると、他参留は撤回され、臨時の勤めを命じられたばかりか、給金もこれまで通り下すということになった。この時、升吉らはお咎めなしとなったのである。そして遠慮謹慎中の野上・疋田も赦免された。

同日には、村上・河原方にも申し渡しがあった。村上方には、村上真輔の父で直内・四郎には祖父にあたる村上中所に勲功があるので、格別の思し召しをもって、真輔五男・村上憰五郎（行蔵）を中小姓に取り立てると伝達があった。

河原家にも、駱之輔の養父である河原清治（棲霞）には「勲功」があるので、格別の思し召しをもって、駱之輔の遺児・河原亀次郎に相続が仰せ付けられた。村上・河原両家への申し渡しを見れば分かるように、村上真輔や河原駱之輔の罪が許されたわけではない。両家の再興は、村上中所と河原棲霞の功績によると記されていることから、それが分かろう。文久事件の下手人を、咎めなしとするからには、亡き真輔や駱之輔を宥免するわけにはいかなかったのだ。

とは言え、下手人らの罪を許し、再勤まで命じていながら、村上方を謹慎のまま置いておいたならば、不満が溜まり、仇討ちの気運が高まりかねない。よって、村上方に家名相続を申し伝えたのである。双方に配慮し、穏便に収めようとしたのだ。赤穂藩の苦衷が窺えよう。

六月下旬には、森続之丞や用人・中村善之右衛門、用人・松本堅助が退役を仰せ付けられた。この辞任が自発的なものなのか、森忠悌が命じたものなのかは不明であるが、跡は、宮地万之助・竹内於兎左衛門・入江新之丞が襲うことになった。入江はかつては続之丞方であったが、帰藩後は立場を変えており、竹内も村上方に縁故ある者であった。

しかし、それも数日にして覆され、森続之丞・中村善之右衛門・松本堅助は帰役を命じられた。朝令暮改とはこのことであろう。目まぐるしい変化の理由としては、森忠悌と森忠徳の意見対立もあったかもしれない。忠悌は外藩の介入を撥ね除けて升吉ら下手人を牢獄に投じ、森続之丞らを退役に追い込んで政治を刷新しようとしたが、森忠徳がそれに反対したのだろうか。しばらくして、忠悌は、政事総裁を引き受けることなく、江戸に戻る。政務に愛想を尽かした可能性もあろう。

## 直内の策略

村上直内にとって姉婿に当たる神吉良輔は、文久三年(一八六三年)七月一日に直内に書状を書いている。そこには「足下(貴方)は、父弟の難に当たり、罪に問われて、幽閉されている。天下の禍が悉く一人に集まっているようだ。私は足下のためにこれを悲しんでいる」と同情の言葉が見られる。

同書状の内容は、概ね次の通りである。「森忠悌公が政を執り、姦徒（升吉らのこと）を幽閉した。朝議一決して、まさに彼らに誅を加えようとしていた。ところが、外藩（土佐藩など）の干渉があり、赤穂藩がこれを恐れたこともあり、下手人を赦し、罰を加えなかった。姦徒が助けを大国に請うたためである。姦徒が誅に伏せば、怨みはなかったであろう。しかし、そうではないので、未だ深い怨みがある。亡くなった者の怨みを雪ぐには足りない。今、姦徒は罪を免れ、国中を横行している。一国の乱は、極まっている。よって、時節を待って、復讐を果たすべし。そうでなければ、身は隠れ、家は滅び、ついに事を成す（復讐を成す）時はこないだろう。忠悌公の真意は、一味の者の糾弾にあるだろうから、軽挙はいけない」。

だが、神吉良輔の案に相違して、森続之丞は再勤し、西川升吉らに罰が与えられることはなかった。村上方は、断腸の想いだったろう。

赤穂藩の処置に、村上直内はどのように対応しようとしたのか。彼が文久三年九月八日に、直内の義弟の江見陽之進に宛てた書状から、その対応策を窺うことができる。直内は

「父弟雪冤」、つまり父・真輔と弟・駱之輔の無実を明らかにすることを目指していたが、現状ではそれは覚束ないとして、京師（京都）ならびに幕府の御明威（威光）を頼ろうとしていた。

京都の有栖川家と鷹司家には、村上家と昵懇の者がいるとして、その者から両家の「殿」に、父弟が冤罪であることを伝えてもらう。その上で、両家の殿から幕府にもそれを伝達してもらう。そして、幕府の閣老または大監察辺りから、赤穂藩に注意をさせることによって、藩の「姦吏」の目を覚まさせ「正邪明白の裁断」を行わしめる。こうして父弟の雪冤を果たすというのが、直内の目論みであった。とは言え、直内も事が容易に運ぶとは考えていなかったようで、もし聞き届けられない時は亡命する覚悟と書状には記されている。亡命した上で密謀を企てる。つまり、下手人らに復讐するつもりでいたのである。

### 十三士、脱藩

直内の想いとは裏腹に九月二十二日、赤穂藩は西川升吉ら十三士に、領内の警備を命じる。「浮浪人」が徘徊《はいかい》し、領内にも立ち入るかもしれないので「領内村々の海岸場所、御台場辺へ」、日々、三人ずつで警備せよというのである。そのことについて、村上四郎は後に

「領内見廻り役とかいう役目でぶらぶら領内を廻って居りました」（『速記録』）と述べている。領内見廻り役との閑職を命じられた十三士。そのうちの一人・西川升吉は、元治《げんじ》元年（一八六四年）三月、突如、赤穂藩を脱走する。藩庁へは何の届出もなかった。

なぜ、升吉は脱走したのか。『高野の復讐』は「素行が改まらない彼は、自暴自棄となり、酒色に溺れ、身持ちを崩し、一家中の人々より、指弾されることになった。こうして彼は、煩悶（苦しみ）のうちに日を暮すこと九ヶ月」と、升吉が身持ちを崩し、周囲の人々から責められたことが、脱藩の要因と書いている。

一方、十三士視点から叙述している『赤穂志士』は「天下の形勢は日に日に、急迫し、諸藩の正義の士は競って長州に入り、幕府征長の軍を迎えて、勝敗を一挙に決せんとするに際し（中略）志あるの士は、一日も安を貪るべきの時にあらず」と、幕府による長州征伐という外因が作用したのではないかと説く。

升吉の脱藩から四ヶ月が経過した七月十五日。山下鋭三郎・西川邦治・吉田宗平・松本善治・田川運六・濱田豊吉・高村広平・松村茂平・木村寅治・山本隆也ら下手人十人と、それに与同していた山下恵助と高田源兵衛の二人、併せて十二人が藩を脱走した。続いて二十四日、下手人の一人・八木源左衛門と、同志の幸田豊平・疋田元治も脱藩する。彼らの同志である青木彦四郎は赤穂に留まるが、元治元年（一八六四年）五月に入牢を命じられたことが契機となり、自宅にて自刃して果てることになる。

七月十五日に脱藩した十二人は、連名で、上書を藩に提出しているが、そこに彼らが脱藩した理由が記されている。まず、彼らは一昨冬の一件つまり文久事件を「御家の御為」と思い、遂行したと記す。本来ならば、その際に相果ててもおかしくないところを助命されたのは、有り難き幸せとも書いている。

しかし、今に至っては、藩の情勢はよろしくない方向に向かっている。深く恐れ入り、日夜、安穏に過ごすことができない。そうした時、天下の形勢が切迫してきた。よって、やむなく退去した。決して藩主からの御高恩を忘れたわけではない。暫くのお暇を願いたい。もし存命したならば、御高恩の万分の一を報いたい。このこと、よろしくお取りなし願いたいというのが、脱藩者の言い分であった。彼らは、御家のためを想い、藩の権力者を斬ったのであるが「今になってみれば、御家の為にならないような時世になってしまった」と表明していることは注目されよう。

森主税・村上真輔を殺害したことは無意味だったと自白しているに等しい。彼らは脱藩の理由を、天下の形勢に求めるが、それは表向きであり、実際は藩に留まることに身の危険を感じていたと思われる。

山下恵助は脱藩する七月十五日に、書状を赤穂藩士・山口幸兵衛の家に投げ込んでいるが、そこには「直様（すぐさま）家名断絶、屋敷召上げ」との文字が見える。恵助は本書状のなかでは、今回の退去について、やむをえないものと記し、具体的には明かしていない。ただ、退去した後は、すぐさま「家名断絶、屋敷召上げ」の処分を受けるだろうと予想しており、下手人とそれに与同する者に対し、風当たりが厳しくなっていることが見て取れる。彼ら下手人を庇護すべき森続之丞の威勢も弱まっていることも同時に窺える。

そうした赤穂藩の情勢を見て、このまま藩に留まっていたら、良からぬことが身に起きるのではないかと十三士らは感じ、脱藩したのではなかろうか。

もっとも、十三士らが主張するように、天下の形勢が切迫していたのも確かである。これから見るように、諸藩の動向は升吉らの命運も大きく左右する。

脱藩の前年の文久三年（一八六三年）八月には、天誅組の変が起きている。土佐の吉村虎太郎・備前の藤本鉄石ら尊攘志士らが公卿・中山忠光を擁し、幕府に対し挙兵するも、鎮圧された事件である。そして、同年十月には、生野《いくの》の変が勃発。平野国臣、薩摩藩士・美玉三平らが、公家・沢宣嘉を擁して、但馬国生野で討幕の兵をあげるも、これまた諸藩の討伐軍により、壊滅させられた事変である。

年が明けて、元治元年（一八六四年）三月には、水戸藩士の尊王攘夷激派が挙兵する天狗党《てんぐ》の乱が起きるも、諸藩の攻撃にさらされ、窮地に陥っていくことになる。同年六月には、京都・池田屋に潜伏していた長州藩・土佐藩などの尊攘派志士を新選組が襲撃・殺害する池田屋事件が起きている。

文久三年（一八六三年）八月、それまで京都政局を主導していた長州藩が、会津藩・薩摩藩などにより追放され（八月十八日の政変）、不遇をかこつ。長州藩は元治元年七月、事態の打開をはかるため京都に乱入し、幕府方の軍勢と武力衝突するも、敗退した（禁門の変）。七月十九日のことである。

禁門の変により七月二十三日、朝廷は幕府に対して長州追討の勅命を発した。第一次長州征伐が開始されたのだ。赤穂十三士の多くが脱藩したのは、禁門の変の四日前のことである。

彼らが頼るのは、これまでの経緯を見ていたら、土佐藩のように思われるだろうが、状況は一変していたため、それは叶わなかった。升吉と懇意であった土佐の平井収二郎は既に故郷に召喚され、切腹させられていたし、土佐勤王党の盟主・武市半平太も藩から弾圧を受け、投獄されていた。このような状況であったので、赤穂十三士らは京都の土佐藩士を頼ることができなかった。

七月十五日に脱藩した十二人は、赤穂の坂越から乗船し、大坂そして京都に向かう手筈であったが、風により船が流されてしまい、七月二十日、上関《かみのせき》（山口県上関町）に漂着する。七月二十四日に脱藩した八木源左衛門ら三名は、陸路で大坂に向かい、八月五日に伏見に到達。鳥取藩士・河田佐久馬を頼るが、同所におらず会うこと叶わず、大坂に戻る。大坂で彼らが出逢ったのが、最も早く脱藩していた西川升吉であった（八月八日）。

升吉は、禁門の変に長州方として参戦していたが、長州勢が敗れたため、升吉もまた大坂に逃亡していたのだ。合流した升吉らは、大坂から船に乗り、明石に到着し、そこから、播磨国の網干、新在家を経て、八月十四日には、黒坂（鳥取県日野町）にたどり着く。前述の河田氏を頼ろうとしたのだ。だが、河田氏は長州藩に通じたとして、鳥取藩から処罰されていたので、頼ることはできなかった。

よって、升吉や八木らは九月十五日、黒坂を発ち、備前国久世（岡山県真庭市）に向かう。岡山県旭町の西川（九月十九日）、御津町の金川（九月二十日）、新宿原（九月二十一日）を経て、八木源左衛門と高田源兵衛は、岡山大福港から船で丸亀に向かう（十月八日乗船。翌日に到着）。

十月九日には、長州に向かうため船に乗り、周防室津（山口県上関町）に同じ日に着いた。前に見たように、上関には、既に七月二十日に、山下恵助ら十二人が到着している。西川升吉と疋田元治は、長州には向かわず、津山に赴く。同藩士の鞍懸寅二郎を頼ったのだ。二人は、翌年（一八六五年）二月まで津山に留まることになる。

## 松本善治と濱田豊吉の死

それ以外にも、独自の行動に出る者もいた。松本善治・濱田豊吉・木村寅治ら三名は、元治元年（一八六四年）八月、上関を出立。彼らが向かった先は、故郷の赤穂であった。三人が赤穂に到着したのは、八月二十四日のことである。三人は、山下恵助が作成した上書（建白書）をもって、藩内を説いて回り、天下の形勢と尊王攘夷を鼓吹したというが、効果はなかった。

絶望した松本善治と濱田豊吉は、赤穂・花岳寺に赴く。同寺は、森家歴代藩主の菩提寺であった。二人は、藩主の墓前において、切腹して果てたのである。彼らはなぜ赤穂に帰り、そして屠腹したのか。元治元年九月二十八日に記された諫書には、彼らの心情が記されている。

まず、文久事件を起こし、藩の要職にある者を殺害したことを恐縮としながらも、それは「御家、御大切」の想いからだと述べられている。しかし、文久事件後も、赤穂藩の「御所置」は変わらず、日夜、悲嘆に暮れているうちに、天下の時勢が切迫してきたので「義」において「黙止」することができず、やむなく脱走したと記す。

脱走後、諸藩の風説（風評）を聞き、それが実に耐え難く、忍び難いことであったので、今度、赤穂に立帰り、屠死（切腹）すると諫書には書かれている。松本善治と濱田豊吉らが耐え難いと感じた風説とは何であろうか。諫書には何も具体的なことは記されていない。赤穂十三士は、利欲のために事を起こした、命が惜しいがために逃げ回っているなどの風説が、赤穂藩や諸藩で立っていたのかもしれない。松本らはそのように言われることが我慢ならず、自らの潔白を示すために、自害したのではないか。

松本と濱田は言う。「魂を赤穂に留め、御家を補佐し、一藩（赤穂藩）を正義（勤王）の藩としたい」と。そして「何卒、有志の方々、一途に奮起し、上下和して、正義を振起させてほしい。よって、身の程を越えた罪を顧みない」との文言で諫書は締め括られる。命を惜しみ、逃げ回るのではなく、帰藩して「正義」を説き、容れられずば、潔く自害して果てる勇気は立派であろう。

松本・濱田ともに、帰藩前に親族に宛てて、書状を書いている。松本善治の姉は、八木源左衛門に嫁いでいたが、その姉に対し、善治は六月に手紙を書いているのだ。「御名残の余り、一筆申上げまいらせ候」から始まるその手紙は、夫・源左衛門と自分（善治）のことを姉が案じているであろうと述べた後に「武士の常として、時を知り、国家の為めに、死すべき時、今日、只今に及び、尊夫（筆者註＝八木源左衛門のこと）を始め我ら、相果て申すべく候」と決意を改めて表明している。「もののふ（武士）のつね（常）、時を知り、国家の為めに、死すべき」ということを、善治はこれまでも度々、姉に言っていたようだ。

よって、善治は姉に対し、「今更、みっともなく、お嘆きになっているとは思いませんが」と言い、世の人の「笑」（嘲笑）を受けないことこそ肝要（重要）と説く。書状の終盤には、姉の身を労《いたわ》るとともに「八木氏の家名を再び興して、亡父の遺恨を休める」ことが供養に優るということ、母と妻（お孝）に力添えをしてほしいこと、「御互に、行末永く、親しむべき」ことなどを願うのであった。善治は、八木源左衛門と姉との間に生まれた幼い子達を、懇ろに養育し、八木氏の家名を上げることを願っている。

善治と妻との間にも二人の幼い子がいたようだが、それについては、書状では触れられていない。善治の父は、善治が幼少の頃に亡くなっていた。それもあってか、善治は少年時代から、母によく孝行し、近隣の人々からも称賛されていたという。長じてのち国事のため、家族を棄て、諸国を経巡り、最後には自害する。善治は身を切られるような想いだったかもしれないが、最期を故郷で迎えることができたことは、不幸中の幸いだったと言えよう。

濱田豊吉は、母に宛てて手紙を認めている。豊吉は、別れの時に何事も申上げているので、今更、言うべきことはないとしつつも、御高恩の万分の一をも報じていないのは、恐縮だと書く。また、君（藩主）の御恩も忘れ難く「皇国国家」のため、尊王攘夷の志により、諸藩有志の人々から御懇命（親切な心添え）を頂き、天下に名を残しての最期は「不肖の身に取り、過分の至」とも記す。その上で、自分の身の上のことは、余り嘆かないようにと母を慰めている。朝夕の後世の弔いは肝要ということと、御身大切にという内容で書状は終わっている。

手紙の文面から察するに、松本善治・濱田豊吉ともに、死を覚悟しての帰郷であった。豊吉は死の直前「自分は丹心（真心）を持っている。願わくば、私の臓腑を取り出して、不忠不義の徒に食わしめん。また切腹の際、刀を鞘に納めないのは、礼に叶っていない。私は絶息の瞬間、刀を鞘に納めよう」と語り、実際にその通りにしたという。善治は、母から無袖羽織を請い受け、それを白装束の上に着て、微笑みつつ、切腹した。居住まいが崩れることはなかった。善治二十七歳の辞世は「習へはや弓箭とる名のあらん身は　我がなす今日の皇国みぶりを」、二十八歳の豊吉は「身はうきに沈みはつともなち川の　清きながれを世にやのこさん」というものであった。善治らと帰郷していた木村寅治は、病中のため、行いを共にすることはできなかった。寅治は、後にまた長州に行き、同志と合流する。

第5章

# 復讐の始まり

## 西川升吉の死

元治元年（一八六四年）七月から始まった第一次長州征伐は、わずか約五ヶ月で終結した。長州藩では、禁門の変での敗退後、尊王攘夷派に代わり、いわゆる俗論党（派）が政権を握っていたこともあり、幕府に恭順の意を示すことになったのだ。

また、幕府方でも、征長総督の尾張藩主徳川慶勝、副将の越前藩主松平茂昭、薩摩藩士で参謀の西郷隆盛が中心となり、長州藩を滅亡に追い込むのではなく、謝罪降伏させるようにと動いていた。長州藩は、謝罪の証として、福原越後、益田右衛門介、国司信濃の三家老を切腹させ、また四人の参謀は斬首となった。目的を達した幕軍は、同年十二月二十七日に解兵令を発する。この第一次長州征伐に際し、赤穂を脱藩していた山下恵助・山下鋭三郎・西川邦治・吉田宗平・高村広平・松村茂平・山本隆也・田川運六・八木源左衛門・幸田豊平らは、長州藩の諸隊の一つ、鴻城隊第一軍・第二軍に属した。

第一次長州征伐は、戦闘なく終結したが、続く第二次長州征伐では、幕軍と長州軍との間で戦闘が繰り広げられた。長州藩では、俗論派を高杉晋作ら「正義派」が追い落とし、幕府と対決する姿勢を強めていた。そうした情勢を幕府としては看過できず、ついに開戦となったのだ。

この第二次長州征伐においては、前述の赤穂を脱藩した面々は長州諸隊の神機隊に加わり、戦闘に参加した。山下恵助は神機隊の参謀。八木源左衛門は参謀書記。西川邦治は旗掛り。田川運六は合図掛り。山本隆也・山下鋭三郎は斥候掛りとなった。木村寅治は、鴻城隊に入ったこともあったが、病がちですぐに病死してしまう。

長州にいた幸田豊平は、元治二年（一八六五年）二月二十七日に一度、赤穂に戻るが、津山に赴いていた西川升吉と疋田元治がそれに合流する。彼ら三人は、赤穂の福泉寺で会談する。

ところがその場で驚くべきことが起こる。升吉と疋田・幸田との間で争論が起こったのだ。口喧嘩だけならば良かったが、彼らは刀を抜き、斬り合いに発展する。疋田は升吉に斬りつけられて手傷を負うが、升吉も疋田・幸田と渡り合い、重傷を負ってしまう。赤穂にいた同志の野上鹿之助・大国武右衛門・室井瀬平・山田五助らは現場に駆け付け、升吉を介抱するも、効なく、その場で死亡が確認されるのである。升吉は二十七歳の若さであった。

かつて、都を訪れ、志士たちと交流し、尊王攘夷の風を浴びた升吉。そうした経験をしたのは十三士のなかでも升吉だけであり、彼が藩内に住む同志を煽って、文久事件へと導いたとする見方もある。父・真輔を討たれた村上方からすれば、仇の巨魁と言っても過言ではない存在だった。それが二月二十七日、仲間割れによって一夜にして命尽きたのだ。これは、村上方にとり、悲しむべきことだったろう。自らの手で、升吉を倒すことができなかったからだ。

升吉の死を知った村上直内は、弟の六郎に書状を書いている。そこには、升吉が二月二十七日の夜、福泉寺において、疋田元治と口論となり「横死」したことが最初に記されている（幸田の名は記されず）。升吉が殺害されたことについて、直内は「残念の至り」と心情を吐露する。直後には「今更、どうしようもない」との文言も見える。死んでしまったものは、どうしようもないということだろう。しかし、仇の一人をそのまま捨て置くことも我慢ならなかったのか、直内は升吉の「死骸」を頂戴したいと書いている。頂戴した上で「満足のいく取り計らいをしたい」と言うのである。升吉の死体を貰い受けるため、村上家の家名を相続した村上慥五郎（後の行蔵）が藩に嘆願書を提出したことも同書状から分かる。だが、藩がそれを聞き届ける可能性は低いだろうとも直内は書いている。

## 仇敵の探索

村上真輔と河原駱之輔の死後、残された村上方の人々は、二人の冤罪を雪ぐことを第一と心得て「親類連名、又は兄弟連名」で赤穂藩に数回、「黒白分明の裁判のある様」に嘆願していた（『速記録』）。村上四郎は「色々手を変へ品を変えして、黒白正邪の沙汰を仰ぎたいということを始終苦心しまして、何回出しましたか、一寸暗記しませんが、数え盡せません程、提出しました」と後に証言している。

しかし、赤穂藩がそれを採用したとか、取り調べをしたということはなかった。それでも、村上方は迂闊な挙動はしなかった。四郎曰く、それは「ただ、藩主大事に考へて」いたからであった。

自らの父を討った升吉らが、赤穂藩の命により帰参したことがあったが、前述したように、彼らは暫くして脱藩した。それについては、四郎は「藩の内でも、直ちに登用して約束通り、名誉の位置に進めることも出来ませず、よいかげんのことに所謂臭いものに蓋をする様」にしていたことが、升吉らには「面白くなく」不満を募らせて、脱走したのではないかと見ている。脱藩者の多くが長州に走ったことについても、四郎は「真に国家の為を思いまして勤王を唱へて参るならば、矢張、私共の考へでは土州（土佐）か薩州（薩摩）

あたりに行くが順（順当）」と後に見解を表明している。

当時、長州は朝敵の汚名を蒙っていたし、幕軍から討伐を受ける立場にあった。朝敵の長州藩に走り「勤王」という素志を貫くのは、おかしいのではないかというのが、四郎の論理である。「真の勤王の者でありまするならば、好んで朝敵の所にはまり込んで戦争をして手柄をする訳のものでもなかろう」との表現もしている。

村上方では嘆願書を藩に提出するのみならず、仇の探索もしていた。ある時は商人に変装し、またある時は、色々と身体を目立たないようにして、四郎や六郎・行蔵らは仇を探し回ったのだ。備前岡山藩士・江見陽之進に嫁いでいた姉・友から六郎に書状が来て、先日、夫・陽之進が、岡山に来ていた升吉と会っていたと知らせてくることもあった。友によると、陽之進は、会っていたのが升吉だとは夢にも思わなかったとのこと。後で升吉だと知り「さてさて残念です」と友は記す。友は升吉が以前は因州（因幡国＝鳥取県東半部）にいたこと、今は岡山にもおらず、何処かをうろうろしているであろうことを述べた上で、追々に行方は知れるであろうと楽観的見解を披瀝している。

## 升吉、死の謎

暫くして村上方は、脱藩者らが長州にいることを知ったであろうが、さすがに長州に参り、復讐するのは無謀であるとして、実行することはなかった。四郎らは、仇が赤穂近辺に帰って来ることもあろうとして種々調べてみることもあったようだが、出会うことはなく、その間にも、西川升吉は福泉寺で横死、松本善治・濱田豊吉は花岳寺で「自滅」してしまう。

そうした状況を、四郎は「誠に心は矢の如く溜りませんが、一向踪跡を探り得ることが出来ません」と当時の焦る想いを回顧している。西川升吉が赤穂に帰り、同志に殺害されたことを「村上方の謀計」とする風説があったようだが（『高野の復讐』）、四郎の証言を基に考えるに、それはあり得ない話である。

それでは少し視点を変えて、疋田と幸田は升吉となぜ口論となり、殺害するに至ったのか。

『高野の復讐』は「疋田と幸田とが脱藩後身を寄すべき處もなく流離窮迫し、今更、西川如き無頼漢の為に一身を誤りたるを悔恨し、寧ろ村上一族に向ひ謝罪の意味にて、彼をおびき出し殺害したものと解するが至当であろう」と主張している。しかし、疋田・幸田のその後の行動を考えれば、村上方への謝罪のため、升吉を殺したというのは、見当違いであると思う。

まず、疋田・幸田が村上方に謝罪の意思を示したという事実は確認できない。両人は升吉殺害後、捕らわれ、赤穂藩から入牢を申し付けられる。ところが、殺害事件から八ヶ月後の慶応元年（一八六五年）十月八日、二人は脱獄し、再び長州にいる同志のもとに走るのだ。これでは、とても反省しているとは言えないだろう。では、なぜ、升吉と疋田・幸田は諍いをしたのか。西川升吉にとっては、リーダー格山下恵助が上関に留まって、一度も戻ってこないのが我慢ならず、酒の勢も手伝って口論となり、殺害されたとの見解もある（福永弘之「もう一つの『忠臣蔵』1」）。

## 江見陽之進の怒り

升吉の遺骸は塩漬とされ、埋められた。升吉が殺害された翌日（二月二十八日）、備前岡山藩士で村上真輔の女婿・江見陽之進は、真輔と親交があった赤穂藩の用人・竹内於兎左衛門に書状を書いている。陽之進は記す。「村上真輔が殺害されてから、村上家は家名断絶、長男・直内は禁錮《きんこ》、次男・河原駱之輔は改易を命じられ、村上家の人々は、赤穂藩の罪人となり、恥ずかしく思って恐れていたところを、その後、憐れみをもって、五男・村上慥五郎に家名を継がせて頂けたことは御恩政である」と。

しかし、陽之進は、その後の赤穂藩の処置に疑義ありとする。文久事件後、藩は村上真輔を「不忠不義」の者と規定した。本当に不忠不義、大逆を犯した者ならば、その罪は「三族」（身近な三つの親族。父方の一族、母方の一族、妻の一族など）に及ぶというが、そういった処置はない。三族の罪なくとも、罪状が分明で、御沙汰があったならば、親族の者もそれに従うであろうが、ただ曖昧なまま、処分が行われたことは間然（欠点がある）と、陽之進は厳しく批判するのである。

藩は升吉ら下手人に一度は禁錮を命じながら、後に御免（宥免）とされた。村上家の子弟に対しては、私怨を挟み、復仇してはならないとの厳命が藩より下された。

不倶戴天の仇を眼前に差置き、恨みを呑み込み、忍び難きを忍び暮らす村上家の人々は「憐むべきもの」と陽之進は同情している。私怨と復仇とは「名義」が異なるとも陽之進は書き、暗に村上一族による復讐は当然と説いている。「理なくして倫理を失墜せしむるの御政典」は、未だ世に聞かずとまで、赤穂藩の処置を非難する。一方仇党たる升吉ら下手人は、藩を脱走し、今日に至っている。士たる者は真に忠魂があるならば、己に利がないからといって主家を脱籍することはない。

この「脱離の者」（脱藩した下手人）と厳命を固守し苦慮している者（村上方）の「忠志の厚薄」は如何と陽之進は問い、「御斟酌」を願うのである。もし、村上真輔が有罪となるならば「族滅」の御命令があっても遺憾に思わず。真輔が無罪であるならば、「御仁政」をもって、真輔と駱之輔を「雪冤」し、直内の謹慎処分を解いてほしいと、陽之助は書状で切望する。陽之進は尊王の志篤く、岡山藩八代藩主・池田慶政の引退に伴い、その後継として、水戸の徳川斉昭の九男・茂政を迎えることに尽力した。尊攘派の盟主と言うべき水戸烈公（斉昭）の子を藩主に迎えて、岡山藩の藩論をまとめようとしたのだ。

前掲の陽之進の竹内宛て書状には「尊藩（赤穂藩）近来は弊藩（岡山藩）と御隣好を結ばれ」とあるが、岡山藩は三十一万石、赤穂藩（森家）は二万石であり、藩力の差は歴然としていた。よって、大藩の藩士の言葉は影響力があった。

幕末における岡山藩と赤穂藩との関係を、村上四郎は後に「隣藩ですから、殊に其の頃はあの辺の小大名は総て、岡山藩と隣交を結び、何事も岡山に依って相談をするという様で、赤穂なども矢張り、其の内でありました」と述べている。陽之進は、書状を書いてから約二ヶ月後の慶応元年（一八六五年）四月上旬に、赤穂に赴き、竹内と会談する。書状と同じような内容のことを話したのだろう。

陽之進の訪問は、赤穂藩に大きな影響を与えたと思われる。四月下旬（二十八日）から五月上旬（二日）にかけて、赤穂にいる升吉の一派に厳しい処分が下ったからだ。

亡き升吉にも過酷な刑が下される。その墓が掘り返され、赤穂の尾崎河原に七日間も梟首されたのである。「執政、斬殺の罪」が今更ながら問われ、このような処分となったのだ。更には、文久事件の下手人の家族は追放処分と決する。升吉を介抱した野上鹿之助・大国武右衛門・室井瀬平・山田五助は罪人を庇護したとして遠慮（謹慎刑）が申し渡されたもののすぐに赦免されていたが、この度、野上鹿之助（鞍懸寅二郎の姉婿）と大国武右衛門・室井瀬平に「同席預」が申し渡される。この三人が、かつて河原駱之輔を要撃せんとした罪が問われたのである。

五月二日には、室井と山田に揚屋入りが、野上に入牢が命じられた。駱之輔の襲撃団に加わっていた直内の従僕で小人・佐吉は、六月に入ってから取り調べを受けていた。また、山下恵助ら下手人と連絡を取り合っていた坂越の商人・住吉屋源兵衛も同じく取り調べを受けている。佐吉は藩に口上書を提出するが、そこには、駱之輔を襲撃しようとした際には、明け方であるので確かには分からないが、島田喬・香取官三郎・延原彦太郎・枝本琴治・金谷文左衛門・金谷儀左衛門・森部太郎治・西本武太郎らがいたと記されていた。名前が挙がった面々は、早速、吟味があったが、確たる証拠がなかったのか、不問に処された。八月十日には大国・室井も呼び出されて、この件で吟味があった。

再吟味（八月十三日）において、大国は、襲撃の一団に参加していたことを自白したため、小人・佐吉は嘘をついていたと見做され、入牢を申し付けられた。佐吉は直内の従僕でありながら、升吉一派として、立ち働いていたのである。住吉屋源兵衛も、申し立てに偽りありとして、入牢が命じられている。慶応二年（一八六六年）十月二十二日、佐吉と源兵衛は放免され、赤穂追放となる。

取り調べの少し前の六月二十五日、源兵衛は藩に口上書を提出していた。

口上書には、源兵衛が上関に赴いた際に、山本隆也（源兵衛の親族）や八木源左衛門・田川運六・木村寅治・吉田宗平・西川邦治ら脱藩者と面会し、五月十四日に、酒を共にしたと記されている。その際、脱藩者たちは、長州にいるものの禄を頂戴している訳ではないので、困窮している旨を述べたという。また、源兵衛は、山本・木村・西川・高村などから家族宛の書状を預かったことが口上書から分かる。源兵衛は、脱藩者の家族が追放となったので、書状を無事に渡せるか心配していたそうだが、帰藩後、八木源左衛門の妻と会った際に、預かった書状を手渡すことができた。

## 野上鹿之助の追放

本章で述べてきたことからも分かるように、特に元治二年（一八六五年）頃より、文久事件の下手人とその同志の者にとって、好ましくない事態が現出していた。しかし、暫くすると、彼らに穏和な処置が下される。慶応三年（一八六七年）四月、揚屋入りを赦免され、自宅蟄居となっていた大国武右衛門・室井瀬平は、蟄居を解かれた。また、入牢していた野上鹿之助も釈放され、「永の暇」を申し渡されて、追放処分となる（鹿之助の弟・巳之助は立入御免の処分）。

これらの処分は、穏便に事を済ませたい赤穂藩の意向が反映されたものであるが、厳しい処分を望んでいた村上方の人々の期待を裏切るものだった。その当時の状況を、村上四郎は後に「その当時は、彼れに取っては、少し風の悪い方でございまして、暴挙一件に関係致しました者は、それぞれ、自宅で蟄居隠居を致している者や、又は入獄を致して居る者もございました。それから少しく風が変って参りまして、慶應三年卯四月二十八日、彼、野上鹿之助と申す者は、兼て、入牢を申付置かれましたところが、遂に永の暇ということになりましてございます」と証言している。追放された鹿之助が身を寄せたのが、周世《すせ》村（赤穂市周世）であった。赤穂城下から約二里（八キロ）ばかり離れた場所である。同村にいた知人を頼ったのだ。

慶応年間には、村上家の人々にも変化が生じていた。慶応二年（一八六六年）五月十七日、約五年もの長きに亘り、蟄居を強いられてきた村上直内が蟄居を赦免され、並隠居を命じられたのだ。直内はそれまで、弟・村上四郎の養家・須知家に預かりとなっていたが、これにより村上家に復帰する。直内は、那波（現在の兵庫県相生市の地名。旧赤穂郡）にて学塾を開き、子弟の教育に従事する。

野上鹿之助が周世村に潜んでいることは、もちろん村上方の人々の耳にすぐ入る。鹿之助は確かに村上真輔の殺害に直接関係した訳ではない。

しかし、下手人らの一味であるのは間違いなく、村上方にとって仇敵に相違はないのであった。村上方は鹿之助を捕らえて、文久事件の真相を糺す、四郎の言葉を借りると、禍根を糺して事件の原因を調べることを目論む。糺すことができない場合は復讐（つまり殺害）する手筈であった。その頃、村上四郎は鳥取藩の槍術師範・幾田武之進について、武芸の稽古に励んでいたため、赤穂にはいなかった。

四郎のすぐ上の兄は池田農夫也（真輔三男）であったが、その農夫也から四郎に「此々の者が、何処に居るによって、直ぐ取りかかることになって居るから急ぎ宅に帰れ」との書状が送られる。よって、四郎は家路を急ぐが、鹿之助の一件は、四郎の帰りを待たずに、実行に移されることになる。実行が遅れたら、鹿之助がどこかに行方を暗ませる可能性があったからだ。

当主の村上慥五郎（行蔵。真輔五男）と江見陽之進の厄介となっていた六郎（真輔六男）、そして真輔の従兄弟・斎半輔の子・禎吉が周世に向かうことになった。当時、周世は桜井松平家の尼崎藩領で、その陣屋（留守居）の関金吾の妻が神吉良輔（村上真輔の長女・順の夫）の家で下女として仕えていたという縁故があり、金吾は村上方に同情的だった。

尼崎藩領の周世で、慥五郎らが事を起こせば、後々、面倒なことになる。赤穂藩と尼崎藩が掛け合い、大坂奉行所まで、その一件が持ち込まれる可能性もあった。よって、金吾は鹿之助を他領に追い払うよう仕向け、そこを村上方に復讐させることにした。上郡陣屋から命を受けた周世村の役人は、鹿之助に、周世を立ち退くよう命じた。『速記録』には「櫻井家の方から、どうもそんな浪人者（筆者註＝野上鹿之助）が周世村に落着いては不可、直く立ち退くがよい」との命令があったようだと記されている。四月三十日夜、鹿之助は、周世を追われる。

### 周世の仇討ち

鹿之助の退去と末路については、鞍懸寅二郎から森続之丞に宛てた書状（慶応三年五月十六日付）に詳しい。以下、同書状に拠り、鹿之助の動向を見ていこう。四月三十日の深夜十二時頃、尼崎藩の番人二人が、庄屋の命令を受けて、鹿之助が仮住まいしている周世の宅に現れる。

番人は「今すぐ、立ち退け」と鹿之助に命じる。鹿之助は「深更のことゆえ、今夕中は、用捨してほしい」と懇願するも容れられず。仕方なく鹿之助とその妻、そして十歳と六歳の子は、深夜二時頃、仮住まいを出立した。前後には、番人が付いていた。

周世の渡場、土手際まで来た時、後ろにいた番人が「鹿之助の面体へ提灯を差し向け」る。鞍懸寅二郎は、番人のこの行為を「暗殺の相図」「これが鹿之助と言わんばかりの所為」と見ている。直後、「賊徒、大勢現れ出で」左右前後から鹿之助へ斬り付けた。鹿之助は三年に亘る入牢生活により五体すくみ、歩行も不自由という状態であった。鹿之助に斬り付けた者たちは、その死を見ずに、四方に逃亡した。

ある者は指し添え（脇差《わきざし》）一本を取り落とし、取りに戻ることなく逃げた。斬り付けられ数箇所の深傷を負った鹿之助だが、すぐに絶命したわけではなかった。下手人らは逃げ去ったとは言え、とてもこの場から遁れることはできないと悟った鹿之助は、自らの差料（刀）で自害して果てた。しかし、ほぼ力が尽きかけていたと見え「腹に少々剣先入り」という哀れな最期であった。腹を切る余力もなかったのだ。以上が鞍懸寅二郎の書状にみる野上鹿之助殺害、いわゆる周世の仇討ちの顚末である。

他方で、村上方の視点で叙述された『高野の復讐』の描写は寅二郎の書簡とは異なる。同書には鹿之助が襲撃の際、「何を」と言いながら、抜く手も見せず、鞘を払って渡り合い火花を散らしたと書かれている。村上慥五郎が鹿之助が手傷を二、三負ったところを生け捕ろうとして、後方より抱き込む。その時、村上六郎が正面より、一刀を振り下ろしたが、その刃は鹿之助の肩に食い込んだ。

これにより、慥五郎も右腕に傷を負ったという。鹿之助は、六郎の攻撃が「致命傷」となり、その場に倒れた。赤穂義士の立場から書かれた『高野の復讐』は、鹿之助が村上方を相手にそれなりに奮戦したと記されているのだ。鹿之助は、寅二郎が書状で書くように「三年越し、入牢」しており、それほど気力が充実していたとは思われないが、最後の気力を振り絞り、抵抗したのであろうか。

繰り返し述べているように、鹿之助は、鞍懸寅二郎の姉婿である。そのこともあったのだろう、鹿之助の死は、寅二郎にとり「言語に絶し、悲哀に堪えず」（前掲書状）というものであった。寅二郎は書状のなかで、赤穂に参る途中、ある風説を聞いたと記す。

その風説というのは、鹿之助を殺害したのは「村上等に相違これなき」というものだったという。寅二郎は、鹿之助に同行し、殺害現場にいた番人を吟味（調査）すれば、犯人は明らかとなるだろうと述べる。そして、鹿之助を殺した下手人を「追い剝ぎ同様」「賊手の所業」、刀剣を取り落とした「腰抜け」と痛罵する。その上で、寅二郎は森続之丞に対し、今回の事件を赤穂藩はしっかりと調査するのか否かと、問い詰めるのである。もし、番人を藩が取り調べないのであれば、大坂町奉行に吟味してもらうとまで、寅二郎は述べる。寅二郎の息巻く姿が目に浮かぶような、書状の中身である。

後の話となるが、この鞍懸寅二郎は、明治二年（一八六九年）、津山藩の権大参事兼民部省出仕となり、藩政・国政の両方で活躍の舞台を与えられる。が、その二年後（一八七一年）に、何者かにより、津山にて暗殺（短銃で狙撃）されてしまう。津山藩の国事周旋掛として、諸藩の志士と交わり、津山藩主にも上書することがあったという寅二郎。暗殺されていなければば、国政で更に活躍したことであろう。

話を元に戻す。では村上方は、周世の仇討ち直後には、どのように動いたのか。

鹿之助の殺害に参加した村上六郎は、備前岡山藩士の江見陽之進の厄介になっていたことから、まずは、陽之進に「播州周世村に於て父の仇・野上鹿之助を討つた」ということを報せたという（『速記録』）。六郎は、いつまでも江見の厄介になっていたら、今回の仇討ちの件で、同家に迷惑がかかると考えて江見の宅を脱した。周世の仇討ちのことは、江見から岡山藩に届けられ、岡山藩から大坂御番所（大坂町奉行所）に伝達された。周世村からは、仇討ちの件は、尼崎藩主・桜井遠江守に伝えられ、そこから大坂御番所に届け出られた。大坂の番所からは、岡山藩へ「江見鋭馬（陽之進）に、厄介人・村上六郎を連れて上坂」せよとの命令があった。

江見陽之進は、岡山藩に、村上六郎は既に脱走しているとの内容を上申する。その内容が、岡山藩から大坂番所に伝達されたのだろう、暫くすると、同番所から「本人が脱走しているとのことであるので、江見鋭馬は上坂には及ばない。また、村上六郎が脱藩していないということであるので、至急探索するには及ばぬ」との達しが届く。大坂の番所からは、それ以降、六郎の件について、問い合わせ等はなかったという。六郎は陽之進の手引きで備中国の庄屋のもとに逃れていたが、ほとぼりが冷めて後、江見家に帰参する。これは、村上方にとっては、幸運なことであった。

周世の仇討ちは、村上家からは、家名を継いだ五男・慥五郎（行蔵）と六郎が参加し行われたものであるが「復讐のお届」を提出する際には、六郎の名前のみが記載された。これは、村上方が討ち果たすべき仇敵は未だ数多く、ここでもし、両人共が罪に問われることにでもなれば、損失は大きいと判断されたからだろう。

周世の仇討ち直前に、仇討ちに加わるよう、兄・池田農夫也から書状で伝達されていた村上四郎は急いで鳥取を出立したものの、仇討ちには間に合わなかった。後に、四郎は周世の仇討ちのことを「実に無趣味の復讐」「復讐は、極簡単な復讐でございまして、何等申上げることは別段にございません」（『速記録』）と述べている。『速記録』において、四郎は、鹿之助を捕らえて、事情を糺したのかとの問いに「いえ、其の心得で有りましたけれども、いけぬと見切り、忽ちに斬り合いになりました」と答えている。これは筆者の想像となるが、おそらく、村上方は最初から鹿之助を斬ることになろうと予測していたのではないか。四郎は、これを機に、大坂番所に訴えて、父兄の雪冤を遂げんとする考えであったようだが、江見陽之進に「拙策」（五月二十一日付の書状）と制止されている。

赤穂十三士の立場に立つ鞍懸寅二郎は「最早、一歩も歩け申さず」と話していた鹿之助を「番人まで語らい暗討ち」にしたことを非難する。また、寅二郎の御子孫も「かかる卑怯なる暗討ちは、武士の恥である」（江原万里『鞍懸寅二郎　勤王の志士』）と村上方による周世の仇討ちを糾弾する。

確かに鹿之助の最期は同情すべきものである。筆者は、村上方、赤穂十三士方、どちらにも偏らず、できるだけ客観的にその歴史を叙述したいと思う。しかし「卑怯なる暗討ちは、武士の恥」というのならば、文久事件において、森主税と高齢の村上真輔を夜中に、それも一人や二人の少人数ではなく大勢で殺害した十三士側にも、また同じ言葉を発しなければいけないだろう。

# 第6章

# 仇討ちへの道

## 幕末の動乱と赤穂志士

周世の仇討ち（慶応三年＝一八六七年四月）から少し時間を遡り、長州にいる山下恵助らの動向を見ておこう（恵助は新一と改名するが、煩雑となるので恵助で通す）。

先述したように、赤穂を脱藩した恵助や山下鋭三郎・八木源左衛門・西川邦治・田川運六・山本隆也・吉田宗平・松村茂平・高村広平らは、長州諸隊の一つ、神機隊の一員となった。元治二年（一八六五年）二月二十七日に西川升吉を赤穂で殺害して入牢を命じられていた疋田元治・幸田豊平は慶応元年（一八六五年）十月八日脱獄して、程なく同隊に加わることになる。西川邦治にとっては、弟・升吉を殺害した憎い仇であったろうが「公事のためには私怨を捨て」たメンバーにより、入隊を許可されたという。

慶応二年（一八六六年）二月一日、山下恵助は、嘉川八幡宮（山口市嘉川）に祝詞と御旗を奉納している。祝詞末尾には「神機隊　望月才蔵」の名があるが、これは恵助の変名である。祝詞のなかで、恵助は、御旗を翻《ひるがえ》し「穢れ汚き外国の異人どもを伐ち」諸人の心を安らげ、平穏な国とすることを誓うのであった。

しかし、恵助らの前には、異人よりも、まず、同じ日本人である幕府兵が立ちはだかる。折しも、第二次長州征伐が開始されたことにより、神機隊の面々も小倉ほか各所を転戦することになる。長州軍と幕府軍との戦いは、大島口・芸州口・石州口・小倉口などの四境で展開されるが、最終的には幕軍は敗退。十四代将軍・徳川家茂の死（七月二十日）を契機として、幕軍は撤兵、同年九月には休戦となった。

小倉での戦いの後、疋田元治・幸田豊平・高村広平は同地に留まり、山下恵助・鋭三郎・八木源左衛門・西川邦治・田川運六・山本隆也・松村茂平・吉田宗平ら八名は山口に帰陣した。

慶応三年（一八六七年）十二月、四年前に八月十八日の政変で都を追われ、太宰府に滞在していた攘夷派の五卿（三条実美・三条西季知・東久世通禧・四条隆謌・壬生基修）は、王政復古の大号令が発令されたこともあり赦免、京都召還の命令が届けられる。十二月十七日、五卿は都へ発つことになるが、途中、三田尻に立ち寄る。三田尻を訪れていた山下恵助・山本隆也・田川運六・吉田宗平の四名は、五卿に拝謁している。山下恵助・鋭三郎・八木源左衛門・西川邦治・田川運六・山本隆也・松村茂平・吉田宗平の八名は長州藩に上洛したいと嘆願書を差し出していたが、すぐに許可は得られなかった。

明けて慶応四年（一八六八年）正月十日、彼らは再度、嘆願書を提出。「上方の形勢、誠に容易ならざる」として「私共が、積年の御恩に報いるのは、この時と思っている」との決意を記す。そして、いずれ「御出兵」となるであろうから、その時は「其の中へ加へ」て頂き、上京したいと願うのであった。しかし、長州藩は彼らに同地に留まること、同藩に仕えることを命じるが、国家多難の時、終生、長州にいることは志に違うとして、断るのである。

## 村上真輔の雪冤と八士の赤穂帰藩

大政奉還・王政復古そして鳥羽伏見の戦い、明治改元と、時代は目まぐるしく動いていくが、慶応四年（一八六八年）二月、村上家・河原家にとり、喜ばしい出来事があった。赤穂藩から「並隠居」を命じられていた村上直内に対し知行五十石を与えることと、弟・慥五郎（行蔵）に代わり、村上家を再興せよとの沙汰があったのだ。河原駱之輔の遺児・亀次郎には、中小姓から「御給人格」に取り立てるとの伝達があった。

それだけではない。翌月には、村上家親族が藩から呼び出され「壬戌《じんじゅつ》事件（文久事件）における村上真輔の疑念が全く晴れた」との達しがあり、直内にも「精々勉強、出仕」せよとの命令があったのである。四月には、河原亀次郎に「御小姓役」が命じられた。

文久二年（一八六二年）一月には森忠徳が隠居し、次男・遊亀丸（森忠典）が家督を相続していた。忠典率いる赤穂藩は、第一次・第二次長州征伐では、幕府方として、大坂警備を担当した。鳥羽伏見の戦い（慶応四年一月三日）の後には、新政府方として姫路藩討伐に参加している。慶応四年（一八六八年）三月十九日、忠典は、弟の忠儀（幼名は扇松丸。忠徳三男）に家督を譲る。忠儀が赤穂藩最後の藩主となる。河原亀次郎は、嘉永三年（一八五〇年）生まれの若き藩主・忠儀に小姓として仕えることになったのだ。

これら一連の赤穂藩の対応は、慶応四年二月に朝廷より大赦令が出されたことによる。罪の軽重を問わず、悉く赦免する大赦令。その影響は藩内のみならず、赤穂を脱藩し、長州にいた山下恵助らにも及んだ。彼らは帰藩を許可されたのだ。山下恵助・鋭三郎・八木源左衛門・田川運六・西川邦治・山本隆也・吉田宗平・松村茂平ら八名は、長州藩の使者の渡邊謙蔵と共に、海路、赤穂へと向かい、同年閏四月一日、赤穂・新浜沖に到着する（その他の高村広平・疋田元治・幸田豊平・木村寅治は行方知れずとなっていた）。

長州藩の渡邊氏は到着の翌日、赤穂藩の役人と面会。城下に入って赤穂藩の用人と会ったのち、五日に山下らが待つ新浜に戻った。そして、前述の八名を、赤穂の郡奉行に引き渡し、自らは帰国する。

恵助ら八名は、新浜の正福寺に入れられ、翌日には連名にて趣意書を認め、恵助が惣代として郡奉行・平井五郎右衛門に提出した。彼らが藩に提出した趣意書には、この度の帰参命令を「有難き仕合わせ」とし、王政復古にて、赤穂藩が「勤王の思召しが立った」ことを恐悦（勿体なく思い喜んでいる）としている。そして、自分たちがこれまで先年来の「多罪の所業」を省みなかったのは、勤王のためだと主張する。かつて出藩（脱藩）したのも、時勢が切迫していたからだと述べている。

また、赤穂藩には「莫大の御高恩」があり、それを黙止しがたかったので、暫くお暇を頂戴し、長州藩を頼ったと記す。長州を頼ったことは、些《いささ》かの見込みがあったからであり、何より「御鴻恩」（大恩）に報いたかったからだという。この度「天朝」（朝廷）より大赦あり、長州藩からは赤穂藩に、八士についてお詫びをして頂いたが、我々は万罪を恐入っている。よって、謹んで御裁決を待っていると末尾には記される。自分たちのこれまで為してきたことは、全て赤穂藩を想ってのことであり、様々な罪ありといえども、それを許し、仕えさせてほしいとの趣意であった。八士としては、暫くすれば、赤穂城下にでも案内されると考えていたかもしれない。

## 八士の岡山藩お預け

ところが、閏四月二十五日、驚くべき命令が彼らに下る。それは「其の方共は、先日、長州藩より引き渡されたが、よんどころない次第（事情）により、備前様に預ける」というものであった。つまり、八士を備前岡山藩に預けるというのである。

その理由は「備前様は当時、近国鎮撫方」であり、赤穂藩と「御懇親・御依頼の間柄」であるからだという。二十六日には「備前にお渡しのことは、備前侯より長州侯へ御示談の上である。備前家は大藩である。よって、勤向など命じられた際には、赤穂藩主に仕えることと同様に仕えるべし」との仰せが伝えられた。

二十七日、八士は赤穂新浜を出て、備前に向かう。そして二十九日、備前濱野村において、岡山藩士に引き渡された。八士は、濱野村の妙法寺に留まることになる。八士の一人・松村茂平は、病となっていたので、赤穂に留まり、その後、同年七月に病没する。享年四十六。

八士の身が岡山藩に送致されたのは、赤穂藩内において、八士の無条件帰参は許すまじとの意見が強かったからだろう。脱藩の罪だけならまだしも、文久事件において、藩の重臣を殺害したことは簡単に許されるべきではないとの声があったと思われる。村上直内は、藩主・森忠儀の侍読となっていたし、河原亀次郎は小姓であった。村上方が復活した藩内においては、前述した見解が強まるのも当然であろう。森続之丞の一派が横槍を容易く入れることはできなくなっていたのだ。赤穂藩は、村上方、八士方、双方の対決の場を自藩で執り仕切ることをせず、岡山藩に託す。ここからは松村が死去したことを受け、七士と記す。

岡山藩における対審に先立ち、七士には「顚末言上書」の提出が命じられた。よって、七士は、同年八月上旬、始末書を差し出すことになるのだが、そこで、彼らはこれまでの所業を次のように弁明した。

「癸丑以来」（嘉永六年＝一八五三年。米国のペリー艦隊が浦賀に来航した年）、容易ならざる時世となり、生国（赤穂藩）の状態を傍観するに忍びなく、政庁に人物なしという有様であったが、なるだけ穏やかに済むようにと心痛していたが、やむなき事情があり、ついに不慮の一撃に及んだと、森主税・村上真輔襲撃・殺害（文久事件）の理由を記している。

同始末書にはそれに関して「趣意混雑」との語句も見え、前述の「やむを得ない事情」との文章と併せてみても、どうも主張としては曖昧で弱い。また赤穂を脱藩したことについては、「天下の形勢は切迫し、眼前、讒者（悪者）に覆はれ」たことに耐え難く、このままでは志は達成されないとして、一旦退身（脱藩）したと弁解した。「眼前、讒者に覆はれ」という箇所は、これまでに見られない、脱藩の弁解である。天下の形勢が切迫したというのみでは、脱藩の理由として弱いと考えたのだろうか。

始末書には、自分たちが、長州において「四境大戦」（第二次長州征伐）に参戦したことも記されている。更には「戌年の一件」（文久事件）は「事済に相成」り、最早、脱藩の罪のみであり、このことは政事所では異議がないところだとの文字も見える。何としても、処罰を回避したいとの心情が始末書から読み取れる。八月上旬に始末書は提出されたが、岡山藩からの糾問や沙汰はなかった。妙法寺で過ごす日々が続く。

明治元年（一八六八年）十二月十七日になって、七士は、岡山藩に対して、ついに書状を認める。八月上旬に書面を提出したが、御糾問も御沙汰もない。過日提出の書状の内容が前後複雑で意を解し難き箇所もあるので御下問を待つべきところを、それを待たず、今回、書状を認めたことを「恐懼」（恐れ畏まる）していると述べている。しかし、時勢を鑑みても、空しく「国禄」を貪るのも、恐縮であるとも記している。その上で「御大藩」（岡山藩）の厄介になっていることを自分たちの「好機」「大慶」と述べ、文末に「適切の御所置と御執り成しを願う」と記すのであった。

だが、書状はすぐに上聞に達せず、岡山藩による七士の聞き取りは、明治二年（一八六九年）二月を待たねばならなかった。二月十八日、岡山城下にて、大目付・大監察が列座するなか、七士の聞き取りは行われた。だが、聞き取りが行われただけで、その後も明治三年（一八七〇年）になるまで、何の裁定もなかった。岡山藩が七士の取り調べなどを迅速に行わなかった理由は、他藩の者を裁くことへの疑義が出て、議論が紛糾したからであった。

## 山下恵助は憤死したか

明治三年（一八七〇年）六月、明治政府から「国事に係り、順逆を誤り犯罪に至り」、府藩県において処分を待つ者は「罪の軽重に応じ」、その管轄の府藩県で「寛典」（寛大な恩典）の処置とすることとの布告があった。この布告が出たことにより、赤穂藩と岡山藩で掛け合いがあり、最終的には七士の対審は、赤穂で行われることになった。岡山藩からは陪審官二名が立ち会い、対審後は政府にお伺いを立てることも決められた。妙法寺で約二年半を過ごした七士は、食料はわずかしか与えられず、貧窮生活を送っていた。

同年九月十三日、備前藩知事より、郡奉行を介して赤穂への帰藩が命じられた七士。同月十八日には、赤穂藩から七士請け取り役が派遣され、同日、七士はついに赤穂に帰藩した。帰藩した七士は、親類預け、または同席預けとされた。赤穂藩による取り調べは個々に行われたが、二回ほど取り調べられた山下恵助は同年九月二十七日、親族宅で自裁する。恵助はなぜ自殺したのか。当時の風説には、森続之丞派に与したことを悔やみ、自白書を役人に差し出した直後に覚悟を決めたというものもあったという。

また恵助が生きていたら、続之丞らの身辺も危ういということで、その一派の者により殺害されたとの見解もあった。「巨魁」がいて、恵助が生きていたら「奸悪」が露見するので、それを避けるために「自殺」を強要したとの説もある。番卒がいたにもかかわらず、恵助の死を防ぐことができなかったことも奇怪とされた。恵助は遺言書を書いていたようだが、藩に没収され、遺族でさえこれを見ることはできなかったという。党中の巨魁であり、慷慨激烈の士と目されていた恵助。藩の取り調べを受けてからの死ということで、取り調べの際に、何か思うところがあり（藩の姿勢への絶望や憤慨）、自殺したのではないかとも推測される。恵助の死については謎は残るが、七士は、その死により、六士となった。

## 村上四郎の奔走

七士が岡山藩に預けられた状態の約二年半は、村上方にとっても、長く、歯痒い年月であった。七士の裁断を当初、岡山藩に委ねた赤穂藩は、村上一族を呼び出し、七士への恨みを捨てることを説いた。しかし、村上四郎は「宿怨を忘れることはできない。もし赤穂藩が暴威をもって臨むならば、一族と共に岡山に出向き、嘆願する手配をする」との強硬姿勢を示した（七士の岡山送致と同年の明治元年＝一八六八年八月十四日のこと）。

岡山藩による七士裁断の遅延は先述した通りだが、村上方は手を拱いて見ていたわけではない。四郎は、京都に赴き、公家の押小路実潔に「手蔓」をもって、拝謁する（『速記録』）。村上家は都の公家衆と縁深きことは前に述べたが、そういった縁を頼り、押小路実潔に面会したのだろう。これまでの経緯を説明した四郎は、実潔から「そう言うことならば、こう云う所に談じて見るがよからう」との言葉を頂戴したという。

実潔から紹介されたのは、薩摩藩士で明治政府の官僚となった岩下方平である。岩下は、明治二年（一八六九年）、刑法官留守次官を務めている。そして、おそらく、岩下から紹介されたのだろう、同じく薩摩藩士で弾正大忠（明治政府の監察機関・弾正台の実務上の責任者）に就任していた海江田信義にも、四郎は面会した上で、書面を提出している。

更には、元鳥取藩士で弾正大忠の河田佐久馬にも、四郎は会っている。河田は幕末、同藩の重臣・黒部権之助、高沢省己、早川卓之丞らを京都・本圀寺において惨殺したことで知られている（本圀寺事件）。これは、文久事件の翌年、文久三年（一八六三年）八月の出来事である。村上四郎にとっては、赤穂藩の要職にあった父・真輔を下級藩士に殺されたことを彷彿とさせる事件の加害者との面会。不快な気分で会ったのかと思いきや、そうではなかった。

「此の人は、因州で何とかいう家老を斬った人でありますから、尚更、私は喜んで」「正義のお方と存じまして」面会したと後年に語っている（『速記録』）。なぜ、四郎は、河田との面会を喜んだのか。それは、河田が「国家の為に、奸物を斃《たお》して、国運を挽回しようといふ真の勤王の方」であったからだという。赤穂の正義（勤王）と貴方（河田）の正義とは一緒にはできないと四郎は河田に話したようだ。すると、河田からは「断然、弾正台（深澤勝典）に申し出たら良かろう」とのアドバイスがあった。

その時、四郎は、申し出るにしても、主家の森家の名前を持ち出すことは好まない、と言上した。主君の名前を出して「其の不徳」を公にするということは、父兄の素志に叶わないというのが、その理由であった。

やがて、弾正台大巡察の深澤勝典、岡山藩出身の野呂久左衛門（弾正台大巡察）にも面会して裁きを請うた。四郎曰く、彼らも「能く事実を御承知下され、大に同情を御寄せ」下さったという。四郎としては、明治政府による仇敵の裁きを期待したわけだが、その期待は裏切られることになる。

明治三年（一八七〇年）三月、四郎は深澤に書簡と書類を送付しているが、それに対する返事が同年六月に出されている。四郎が提出した書簡等の内容に、深澤は「情実、如何にも御尤至極」と共感を寄せている。だが、赤穂にいる八名の処分については、御藩（赤穂藩）から政府に伺出があるべきだと深澤は言う。

同年六月、明治政府から「府藩県において処分を待つ者は、罪の軽重に応じ、その管轄の府藩県で寛典の処置とすること。対審後は政府にお伺いを立てよ」との布告があったということは先述したが、深澤の言はそれに則ったものだ。深澤は、赤穂藩が処分を差置くことはないだろうとし、四郎が送付した書類を返却すると返書で明言している。四郎は内心、落胆したであろう。政府要人のみならず、岡山藩にも、四郎は嘆願書を提出している。嘆願書の提出のみならず「三・四回も呼出しをうけて」参上し、口頭で言上したこともあったが、甲斐がなかったのだ（『速記録』）。

## 赤穂藩の裁定

岡山における四郎の最大の後援者は、同藩の権大参事となっていた江見陽之進（鋭馬）である。陽之進と弾正台大巡察の野呂久左衛門は同藩のため懇意であって、陽之進は野呂へ話をし、四郎は野呂と直接面会する運びとなったようだ。四郎と野呂が面会したことは先に少し触れた。

四郎は野呂に「何分にもきっぱり、黒白邪正をお分ち下さるのは貴方の御職掌柄と考へますから、弾正台から何とか岡山の方に明瞭の沙汰をする様にということを通知下さる訳には参らぬものでございましょうか」と申し出たという。

だが、岡山藩では、他藩（赤穂藩）の人間の賞罰を自藩が行うことへの疑問が根強く、四郎の主張は受容されず、再三述べているように、岡山藩の立ち会いのもとで赤穂にて文久事件の下手人の裁断を行おうということになった。赤穂藩は、村上方、下手人の双方を糾弾して裁判をするとは言うものの、それは四郎が難詰するように一時の遁辞に過ぎなかった。糾問は「儀式的」であり、岡山藩の役人が立ち会い吟味することもなかった。

村上方としては、藩から呼び出しを受けて、今こそ言うべきことを言いたいと、取り調べの願書を提出するも、聞き届けられなかった。四郎は京都に赴き、押小路実潔や深澤大巡察に事の次第を説明し「朝廷から御指揮を下さる様」に願うが「時期が後れて間にあわぬ」と言われ、却下された。

そうしたなか、明治三年（一八七〇年）十一月二十二日、村上直内が病死する。四十六歳であった。父・真輔を殺害した者の裁きや末路を見ずに、病に倒れたことは無念であったろう。翌年（一八七一年）正月、津田葆（真輔の甥であり、女婿）の邸へ赤穂藩庁から、切り紙が届く。村上一族を従え、一月十二日に出頭せよとの命令書であった。当日、出頭すると、藩からは、文書に拠り、次のようなお達しがあった。

まず「故　村上直内へ」として。父・村上真輔が先年、横死したことを憐れに思し召され、格別の処置をもって、家督を相続させ、知行七十石を下されたとする。「別段」には、藩制の改革により、禄制が改まったので「上士族定制、現米三十俵」を下賜すると記される。加増の上、家督は直内の長男・村上璋太郎に相続させるということだ。更に、真輔の横死について取り調べたところ、それは「全く一時の不幸に相違なく」、よって、真輔を「雪冤無罪」とするので、子弟一同はこの旨をよく承知せよとの文章が続く。

この件については、年来の成行を既に「天朝」（朝廷）に仰せ達せられた上で「御沙汰」になったことであるので、今後は遺恨を持ってはならないとの但し書きもあった。要は、村上家の家督も継承させる、亡き真輔も無罪とするから、今後は遺恨を保ち、下手人に危害を加えてはならないと、赤穂藩は村上一族に伝達したのである。

　同日、六士にも、次のような、藩からのお達しがあった。「先年、憂国悲憤の余り、濫りに刑典を犯し、殺戮の暴挙に及んだこと、また謂れなく脱藩越境したことは、順逆を誤り、軽挙の過失である。しかし、朝廷からの至仁の御趣意に基付き、寛典をもって、復籍を申し付ける。格禄も下し置かれる。今般、藩制の御改革により、家禄は減少している。よって、森家御先祖の廟所に行き届かぬことがあるかもしれない。紀州高野山の釈迦文院にある御廟所の守護を勤めよ。一人半扶持を支給する」

　森家の墓守を、一人半扶持与えるから行えというのである。六士もまた温情により無罪となったのだ。六士を高野山に派遣するのは、そのまま、村上一族と共に赤穂に置いておけば、不測の事態になりかねないからだった。遠方の高野山、殺生禁断の浄域に六士を入れてしまえば、村上一族による仇討ちはもはや不可能との、赤穂藩の思惑があったのである。

# 第7章

# 高野の仇討ち

## 廟所守護の真相

明治四年（一八七一年）一月十二日、赤穂藩は村上一族に、村上家の家督相続と加増、そして故・村上真輔の無罪を伝達した。真輔を殺害した下手人に対し、恨みを保持し、仇を討つことの不可を説くのも忘れなかった。

一方、真輔を殺害した下手人の残る六士である八木源左衛門・山本隆也・西川邦治・吉田宗平・田川運六・山下鋭三郎に対しても、同日、藩からの沙汰が下った。赤穂藩主・森家の紀州高野山釈迦文院にある廟所《びょうしょ》を守護せよというのだ。赤穂藩が、六士を廟所守護のため、高野山に遣わせたことについて、六士側の立場に立つ書物『赤穂志士』は「藩廟守護は、全く六士を退くる方便であった」と非難する。その理由は、六士以外に廟所に派遣された者、つまり後任者がいなかったからである。

更に同書は、赤穂藩が六士を高野山に退けたのは、村上一族による仇討ちを暗に助けるためだったと主張する。筆者は、同書の主張は、結果論から見た邪推であると感じる。仮に、赤穂藩が六士を赤穂に留めていたら、どうなっていたであろうか。村上一族は必ず赤穂で六士を襲撃し、真輔や駱之輔の仇をとったであろう。六士を赤穂に置いておくことは、表現が適切かは分からぬが、狼の前に兎を差し出すに等しいことと思われる。野上鹿之助の末路を見よ。鹿之助が周世で、村上一族に殺害されたのも、両者を近接地に置いていたからである。赤穂藩は、周世の仇討ちの再来を避けようとしたのだ。ちなみに、鹿之助の遺児二人は、長じて、父の仇をとろうとしたが、叔父の芝増上寺管長・野上運海大僧正に諭されて断念したという。

赤穂藩は、村上一族と六士双方に温和な処置を施し、摩擦を避けた上で双方を引き離すことにより、大騒動に発展する芽を摘もうと図った。藩の上層部は、これにて一件落着と、ひとまず、安堵したのではないか。

ここで、明治初年の赤穂藩の動向を見ておこう。慶応三年（一八六七年）大政奉還した徳川幕府十五代将軍・徳川慶喜は、戊辰戦争（明治元年＝一八六八年～明治二年＝一八六九年）に敗れ、罪に服することになった。薩長を中心とする明治新政府の成立により、それまで、徳川幕府により安堵されてきた諸藩の土地（版）と人民（籍）は、朝廷に返還されることになる。明治二年（一八六九年）、版籍奉還である。

同年正月、薩摩・長州・土佐・肥前の四藩主が、版籍奉還を上奏した。すると、他の藩も続々とこれに倣ったのだ。赤穂藩主・森忠儀が版籍奉還を上奏したのは、同じ年の三月一日のことである。版籍は受納され、同年六月には、忠儀は、知藩事（赤穂藩知藩事）に任命される。

明治新政府は、諸藩に対し、藩政改革を命じる。知藩事の家禄は、実収石高の「十分の一」と決められ、旧家臣の禄も「六割から七割」に削減されたのであった。明治三年（一八七〇年）九月二十七日、赤穂藩は、弁官に、藩政改革についての「奉伺十ヶ条」を提出している。改革の実施期限、役員の名称や給与、兵員の提供など十項目の質問状である。よって、この段階では、赤穂藩は改革に着手していないことが分かる。

『赤穂市史』（第3巻）は「赤穂藩の改革がいつ行われたかもわからないし、本当に実施されたのかどうかも明らかでない」「藩政改革は机上の計画だけで終わったものとみてよい。仮に実施までこぎつけたとしても実効性の乏しいものとなったであろうことは想像に難くない」と藩政改革については、否定的な論調である。

確かに、明治四年（一八七一年）七月十四日には廃藩置県が断行されており、赤穂藩は廃止、赤穂知藩事・森忠儀は免官となっているので、一年にも満たない間に、どれだけの改革ができたか、実効性があったかは疑問とせざるを得ない。だが、「諸事御改革御仕法被仰出写」（明治四年＝一八七一年六月二十一日）という赤穂藩の改革の内容を示したと思われる冊子が残っていること、またこれまで本書で記述してきた村上方・六士への赤穂藩からのお達し（明治四年一月十二日付）に「今般藩制御改革」「禄制相改」「御家禄御減少」との文字が見えるので、明治三年（一八七〇年）十月から、明治四年（一八七一年）一月の間までに、家禄に関する改革は行われたことが分かろう。よって、藩政改革は机上の計画だけで終わったわけではないのである。赤穂藩は、廃藩置県により、赤穂県となる。

その後、赤穂県はすぐに姫路県（明治四年十一月、飾磨県と改称）に編入された。家禄の減少による藩廟管理の懸念を理由にして、六士は高野山に遣わされることになったのだ。

## 仇討ちをなす者

赤穂藩は、村上真輔の冤罪を村上一族に申し渡したことによって、村上一族の下手人への復讐心を鎮めようとしたが、そのことはかえって復讐の実行を決定的にした。村上四郎も、赤穂藩が六士を紀州高野山に派遣することは「全く、我々兄弟の復讎を避けさせるの手段に相違ない」（『速記録』）と理解していた。そして、父・真輔が晴れて無罪となったからには「一日も彼れと（筆者註＝下手人六士）共に天を戴くべき理由は無い」との決意を固めたのだ。

赤穂藩が、村上一族の仇討ちを回避する手段はただ一つ。村上真輔の冤罪を明らかにした時点で、下手人六士に重刑を科すことであった。藩は機を逸したのである。復讐の決心をいよいよ固めた時の心情を、村上四郎は、かつて大石内蔵助ら四十七士が、吉良上野介に復讐を決心した際の事情と重ね合わせている。

内蔵助は、亡き主君・浅野内匠頭の弟・浅野大学を立てての御家再興を願っていた。が、元禄十五年（一七〇二年）七月、大学は広島の浅野本家にお預けとなり、御家再興の道は断たれた。村上四郎は、これが四十七士に「復讎の決心を固めた」とし、自分たちも「父の雪冤無罪ということになりましたと同時にいよいよ復仇の決心を固め」（『速記録』）たというのである。

問題は、いかにして仇を討つかである。高野山金剛峯寺《こんごうぶじ》は、平安時代初期の僧・弘法《こうぼう》大師空海《くうかい》（七七四〜八三五）が開創した真言密教の聖地。高野山は、禽獣《きんじゅう》の殺生《せっしょう》でさえ禁じられている浄域だ。金剛峯寺の程近くにある釈迦文院は、真言宗の僧・祈親上人（九五八〜一〇四七）が開基であり、江戸時代においては、岡山津山城主や、赤穂藩主・森家の菩提所として庇護を受けてきた。釈迦文院に下手人六士が入ってしまえば、仇討ちは不可能となってしまう。よって「其の途中を遮って望みを果」（『速記録』）すことが肝要であった。

仇討ちのメンバーは、村上真輔の三男・池田農夫也、四男の村上四郎、五男・村上行蔵、六男の村上六郎の四兄弟。が、それのみならず、心強い助っ人が三人加わる。一人目は、水谷嘉三郎。村上真輔の次女・節が嫁いだ播磨新宮の旗本・池田家の家臣・水谷勘右衛門との間の三男だ。明治四年（一八七一年）の段階で、嘉三郎は二十歳。龍野藩主・脇坂侯の剣道師範について剣道を修行しており、若く、そして頼りになる人物であった。

二人目は、津田勉。村上真輔の甥に当たる。真輔の妹・りきの子で、赤穂藩剣術指南を務めている。

三人目は、赤木俊蔵（三十歳）。岡山藩士・市村孫四郎の家来であり、村上六郎の剣友である。六郎が江見陽之進の宅に寄食していたことは前述したが、六郎は岡山藩の剣道指南・阿部右源次について、剣道を習っていた。赤木もまた右源次の門下だった。メンバーは七名。赤木を除けば、村上家と縁戚にある者ばかりである。

村上方は、六士の高野山行を、申し渡しがあった明治四年（一八七一年）一月十二日以降に知ったわけではない。

江見陽之進は同日付で次のような書状を、村上四郎に宛てて書いている。「今日登山の命、相発候由」――つまり、赤穂藩から六士に対し、高野山派遣の命が、一月十二日に下るということを記しているのだ。陽之進は、それまでに情報を得ていたことになる。書状には、同日に命令が発せられるが、六士が海陸のどちらから高野に向かうか、という交通手段はまだ決まっていないと書かれている。続けて、陽之進は「兎《と》も角《かく》、計画通り、深密・丁寧に物事を進めていくことが大切であり、軽躁に動いてはならない」と述べる。その上で、後顧の憂いなく「奮然」せよ（気力を奮い起こせ）と激励するのであった。

同月十四日には、陽之進は、村上行蔵（真輔の五男）にも手紙を書いている。赤穂藩からの村上真輔の雪冤のお達しは同慶ではあるが、これで仇討ちを中止することはできないと陽之進は述べる。今後、遺恨を持つことが「曲事」であるというのは赤穂藩が主張しているのであって、決して「天朝」（朝廷）が仰っているのではないとも陽之進は喝破している。陽之進は、幕府執政以来、許可を得て復讐した事例はない、仇討ちとは大禁を犯すものだと記し、藩の命令などは聞く必要はないと断じる。また、只々「報仇」の二字こそ肝要であり、それは朝廷の命令であっても枉げることはできないとまで、勤王家の陽之進が主張していることは注目されよう。

書状の後半では「古来より復讐する者、その勢少なくして、多勢に勝つ者も多い。結局は、精神の到ると到らざるとに拠る。些かも疑うことなく、奮撃されよ」と激励の文章が続く。同書状には赤木俊蔵の仇討ち参加が難しいということが記されているが、最終的には俊蔵も加わることになる。書状の追伸には「仇党」（六士）がおそらく陸路で高野山に向かうであろうこと、そしてそれは「天幸」（天が与えた幸い）だと書かれている。船上ならば仇討ちはやりにくいが、陸上ならば、その機会はいくらでもあるということだろう。

村上四郎は『速記録』のなかで「父の雪冤無罪ということになりましたと同時にいよいよ復仇の決心を固めましたのでございます」と述べているが、江見陽之進の書状からは、雪冤のお達し以前（二月十二日以前）から、仇討ちの計画が立てられていたことが分かる。『速記録』には「一向（筆者註＝六士の）出発の期日等は分りませぬ。又、海陸いづれへ出発するかということも分りませぬで、其間、空しく三十日ばかりを費やしましてございます」（四郎談話）とあるが、仇討ちの段取りなどを記した覚書も残されており、無為無策のまま過ごしていたわけではなかろう。

## 復讐の方法

村上方は、どのように仇討ちを遂行しようとしたのであろうか。覚書の内容を見てみよう。まず、「この地を何日に出発し、どこの港に着くかということをしっかりと承り、突き止め」とある。仇党（六士）が、赤穂を何日に出発し、どこの港に着くかをしっかりと確認することが先決ということだ。そして行程が突きとめられたならば「途中にて打つと相決し」て、速やかに東に馳せ向かうことが記されている。とは言え護送の者の模様によっては、途中で討つとの計画は差控える（中止する）との文言も付加されている。

次に、敵方の出発が延引した場合の対処としては、津田勉がそのことを大坂か堺かにいる味方に早々に告げ報せると書かれている。つまり、津田は赤穂に残留し、情報を上方に報せる役割を担うとされていたのだ。

第三は、復讐に関する届書について。「秀助」（下僕か）より、味方が「一挙に及ぶ」との報せを受けたならば、直ぐに、届書を提出することとある。その書面の日付は「敵方出発、翌々日」を書き入れるべしとして、これも津田勉が「御取計」うこととなっている。

第四は、仇討ちの場所とその方法について。「野間にて討つべく」とあるので、仇討ちは人がいないような野原で行うことを想定していた。なぜか。市中での仇討ちは、敵方が逃げるのを見失い、銃を用いることが懸念されたからだ。無関係の者を巻き添えにしてしまうことも考慮されたのだろう。しかし仇敵が銃を所持していた場合は、市中においても、仇敵を討つべきとされた。

第五は、待ち伏せについて。敵を討つべき場所は必ず決めておき、三人は「ここに待伏せ」、もう三人は「道の双方、およそ七八歩隔て、先後に分れ」、町人の格好に変じて待つとある。六人が三人ずつ二手に分かれて、町人を装い待つということだ。「右手前、三人」は、家がある所で休み、敵がそこを通るのを確認したら、目立たないように後を付ける。そして、待ち伏せしているところに敵方が到達したならば、後を付けている三人は「後より敵三人を刺」す。三人が名乗ったのを合図として、待ち伏せしていた三人も大音（大声）で名乗り、敵に襲いかかる。敵が三人に討ちかかる間合を与えないことが肝要だとする。しかし敵六人が間を隔てて歩行している時は、先頭の者が、味方三人が待ち伏せしているところに達するを見て、遅れて歩いている敵を襲撃することとされた。

第六は鉄砲の使用について。鉄砲は所持していても、敵が逃げる場合に「備候事」と書かれている。無闇に鉄砲を撃つのではなく、敵が逃げた場合にのみ、使用することとされたのだ。

第七は、目印について。「合印《あいじるし》」（戦において、敵と味方を的確に把握するため、武具などにつけて目印としたもの）は「小晒《こざらし》」（小さな晒し布）を片襷《かただすき》に用いるとある。ただし、味方に怪我人が出た場合は、この小晒を手当てに使うとする。

第八は、武器隠しについて。待ち伏せしている三人は、望みに任せて手槍を持つが、槍は目立つので「穂袋」を用意して「事済み」——つまり、仇討ちが終わったならば、柄を捨てて穂を所持することとされた。

第九は「秀助」について。秀助は、仇討ちには加わらないが、仇討ちの様子を「親しく見届て」、速やかに赤穂に知らせることと決められた。

第十は、仇討ち後の対処について。仇六人を全て討ち取ったならば、早速、その場所の役人を呼び寄せて立ち会わせること。懐のなかの物を改め「是は誰の品々と書付け」、仇の「死骸」にも姓名を記し、役人に預けることとされた。仇の首は役人が来る間に「搔き切る。そして、役人の者を召し連れて、銘々が首一つを提げて、最寄りの府庁に訴えること。首にも姓名を記すと書かれているところは、非常に血腥い。

第十一は、怪我人がいた時の対処について。味方に深傷を負う者がいた場合は、他一人がその場に残り、負傷者を介抱する。もし、死んでしまった時は、早々に「仮埋」（仮に埋葬する）を申請する。仇の者とは、別の場所に埋葬することを嘆願することと記されている。

第十二は、敵方の負傷者の扱いについて。敵に「半死」の者がいた場合は、様々なことを詰問するのが肝要とされた。村上真輔をなぜ殺したのかなど、村上方にとっては、仇に直接聞きたいことがあったであろう。もし、動きがない、答えがないのであれば殺すこととある。

最後、第十三は、嘆願について。仇討ちがあった場所の政庁において吟味があったならば、次は「天朝」（朝廷）に伺おうということになろうから、吟味の時に、疑わしいこと等はしっかりと取り調べてもらうよう「嘆願書」を差し出すことと決められた。

しかし、これらはあくまで計画に過ぎず、その後、変更になったこともある。仇討ちを見届けて、赤穂に報せる役目は「秀助」が担うとされていたが、赤穂の中村に住む老僕・大休兵助という六十歳ばかりの老人が担当することになった。また、津田勉は赤穂に残り、情報を上方に報せる役割を担うとされたが、仇討ちに加わることになった。津田は、槍術師範であったから、仇討ちへの参加は、歓迎されたことだろう。

### 仇討ち免状はあったのか

村上方が、今か今かと待ち受けていたのが、仇党の八木源左衛門・山本隆也・西川邦治・吉田宗平・田川運六・山下鋭三郎ら六士がいつ赤穂を発つかという報であった。村上方は、六士の出発の期日が、二月「二十三・四日頃」ということを事前に、二月十九日頃に摑んでいた（『速記録』）。日程だけではなく、坂越の港から船に乗り、和泉国堺まで行き、そこから陸に上がり、高野に向かうという情報まで得ていた。

果たして、六士が赤穂を発ったのは、二月二十四日のことであった。六士は、一人の少年を伴っていた。田川運六の末弟・岩吉（『高野の復讐』『赤穂志士』は岩吉を十三歳と記す）である。八木は五十一歳、山本は五十歳、西川は四十五歳、吉田は三十七歳、田川三十二歳、山下は二十八歳であった。一方、村上方の池田農夫也は三十三歳、村上四郎は三十歳、村上行蔵は二十七歳、村上六郎は二十五歳、水谷は二十歳、津田は三十九歳、赤木は二十九歳。年齢で見たら、村上側のほうが若い者が多く、有利に感じられる。

村上方の池田農夫也・村上四郎・水谷嘉三郎（当時、富田嘉則と名乗っていたが、本書では水谷で通す）・赤木俊蔵の四人は、播磨新宮から仇の後を追う。三男の池田農夫也は、新宮の旗本・池田家（頼方）の一族（池田頼晃）の養子となっていた。村上方は新宮の農夫也のもとに集まり、作戦会議を開催することもあった。村上方の四名が、赤穂ではなく播磨新宮から出立したのは、そうした経緯からであった。

江戸時代、仇討ちを行うためには、事前に藩に届け出をして、藩主の許可を得る必要があった。仇討ち免状を頂き、やっと堂々と仇討ちを行うことができたわけだが、村上一族はどうであったのだろうか。

この件に関しては、福永弘之（兵庫県立大学名誉教授）が、信原潤一郎氏の歴史小説『鬼の武士道』（祥伝社、一九九七年）を基にして、興味深い推論をしている（同氏「もう一つの『忠臣蔵』2」）。先述のように、池田農夫也は、新宮の旗本・池田頼方の一族の養子であったが、当時、頼方は江戸町奉行の一人であり、勘定奉行も務めていた。

そうした農夫也との縁があり、頼方が赤穂の森忠典に「仇討ち免状」の下付を書状で要請したのではないか。そして、赤穂では、塩の江戸専売と引き換えに、仇討ち免状を発行したのではないか。江戸表で塩を藩専売にするには、藩が江戸物産会所に加入しなければならないが、同会所は江戸町奉行及び勘定奉行の支配下にあった。以上が、信原氏の小説を基にした福永氏の推論である。

福永氏は前掲論文のなかで「これは勿論小説であるが、全くの虚構と片付けていいだろうか。ほぼ類似の事実があったと考えられる」と述べておられる。

興味深い推論ではあるが、筆者は別の考えを持っている。まず、高野の仇討ちに際して事前に仇討ち免状は発行されていないと考えている。

明治四年（一八七一年）二月二十四日、ちょうど六士が赤穂を発った日に、村上行蔵は赤穂藩に宛てて復讐届書を郵便にて出していた。そこには、次のような内容が書かれている。

行蔵ら村上兄弟が、倶に天を懐かざる「讐敵」を多年に亘り討たなかったのは、「御家を大切に」思っていたからである。しかしながら「父子の至情、天地の大倫」は廃止すること叶わず、これまで数回、赤穂藩に嘆願してきた。それがいかなるわけか情意通じず。九年の月日が虚しく過ぎ去っていった。どれほど遺憾に思ってきたことか。

そうしたところに、この度、亡父（村上真輔）の罪が晴れたとの君命を被り、有り難く思っている。行蔵、平生「多病」につき、養生のため、「播州兵庫表」に赴いたところ、仇の者が、紀州高野へ登るということを聞いた。「御法典」は大切であるが、倫理において棄てがたく、且つまた善悪も定まっている上は「讐敵」を捜索し、見つけ次第、討留るということを前以って言上しておく。何卒、「御仁量」をもって、村上兄弟の父子の情実を「御諒察」頂ければ、また「亡父兄迷霊」（父・真輔と兄・河原駱之輔の霊）が「瞑目」する（安らかになる）ようにして頂ければ、兄弟はもちろん、一族の者まで「御仁恩」に感激するであろう。もとより「御典律」を冒したことは戦慄《せんりつ》の至りであるが激切の至情を酌量してほしい。

以上が村上行蔵が赤穂藩に提出した復讐届書である。

その内容から、仇討ち免状を藩から事前に頂戴していないことが分かろう。父・真輔の雪冤を感謝するとしつつも、度重なる嘆願を無視した藩への恨み節ともとれる文言もある。

これまでに溜まっていた藩への想いを、正直に書いたと言えよう。話を戻すが、村上兄弟は、赤穂藩の許可を得ず、出立前に申請すらせずに旅立ったのである。兄弟からすれば、これまでの状況から、仇討ちを赤穂藩が許可することなどあり得ないと考えていただろう。事前に仇討ちを藩に申請すれば、かえってややこしいことになり、仇討ち計画は頓挫するとも考えたはずだ。

岡山藩士・江見陽之進の「藩の命令などは聞く必要はない。報仇の二字こそ肝要であり、それは朝廷の命令であっても枉げることはできない」との言葉を前に紹介したが、その意気を村上兄弟も共有していたならば、事前に赤穂藩の許しなど要らぬと考えたとしても不思議ではない。ちなみに復讐届書が「村上行蔵義展」の名で出されているのは、行蔵は五男ではあるが、村上家の名跡人だからである。

## 仇敵は何処に

明治四年（一八七一年）二月二十一日、池田農夫也・村上四郎・水谷嘉三郎・赤木俊蔵の四人は新宮を出発。一方、村上行蔵・村上六郎・津田勉そして下僕の大休兵助の四人は、同日、赤穂を発つ。行蔵ら四人は陸路、東へ。姫路を越えて、加古川にて農夫也の一行と落ち合い、同宿。翌日には兵庫（神戸）に向かい、二月二十三日には大坂に到達。そして、同月二十四日、堺に入り、旅館で休息をとる。二月二十四日は、仇敵が赤穂の坂越を船で出る日である。順風であったので、その日のうちに、堺に着船するものと、村上方は見做していた（『速記録』）。着船を確認するため、村上兄弟は海岸に出て、様子を見ていた。

ところが、待っても待っても、着岸する気配はない。旅館に八人という大人数が同宿することは人目に付くということで、彼らが頼ったのが泉州の福地屋浅五郎であった。浅五郎の父は、赤穂郡相生村（現在の兵庫県相生市。赤穂市とも程近い）に住む稲岡宗太郎という村役人。宗太郎は、かねてより、村上家に出入りしていた。その宗太郎の子息・浅五郎は、泉州の酒屋・福地屋の養子となっていたのだ。宗太郎は、村上方に同情しており、それは、子息の浅五郎も同じであった。また、浅五郎は義侠心に富む男であり、義挙（仇討ち）に賛成し、村上兄弟に何らかの計略を授けてくれたこともあったという。行蔵ら八人はそうした縁を頼ったのだ。

事情を説明すると、浅五郎は「八人一同旅館に同宿しておることは人目に立ち甚だ宜しくないことでございますから、明日よりは私の方へお出になって私の方で緩々、御相談があったら宜かろう」と申し出てくれた。とは言え、村上方としても、全員が同じ場所に長くいる必要はないと思ったのだろう。村上六郎とその友人・赤木俊蔵、従僕・兵助の三人は堺に残して、残りの五人（池田農夫也・村上四郎・村上行蔵・津田勉・水谷嘉三郎）は先発することになった（二月二十六日）。五人が先発したのは「地理の検分」をするためである。これから向かうところは、不慣れな土地であるから、調査が必要と感じたのであろう。三人を堺に残したのは、もちろん、仇敵が乗る船がいつ着船するかを見張るためである。

先発五人組は、その日のうちに、高野山の麓の橋本（和歌山県橋本市）まで出た。橋本で一泊し、翌日（二月二十七日）には、紀見峠（和歌山県橋本市と大阪府河内長野市の境にある標高四百メートルの峠）まで出向く。しかし「無暗にズンズン進んで」行っても、目処《めど》の付けようがないということで、紀見峠まで来たところで、一旦、引き返す（同日は紀見峠で一泊）。堺から「仇敵が乗る船が着いた」との報せは、未だ来ない。よって、二月二十八日、五人は三日市（大阪府河内長野市三日市町）に立ち寄る。そして油屋という、江戸時代には、紀州藩の本陣を務めた由緒ある旅館に投宿するのであった。五人はそこで着船の報せを待つ。

村上四郎の後の証言によると、夜七時と八時の間頃に、堺にいた村上六郎と赤木俊蔵・兵助が油屋に駆けつけてきた。着船の報せを持ってきたのだ。堺待機組の三人は、五人が堺を出てからも、毎日のように、海岸に行き、交代で海を見張っていた。

だが、二十六日は異変なし。翌日（二十七日）も、二人は海に出て、様子を窺っていたが、やはり、何も起こらず。仕方がないので、一度、旅宿に帰ることにした。片時も目を離すことはできないので、一人は宿に残り、窓の下で、見張りをしていた。窓の下を見ていると、仇敵が通っていくのが目に入ってきた。つまり、仇敵はいつの間にか、堺に着船し、上陸していたのだ。仇敵を見つけたからには、急ぎ、堺を出た五人にも、そのことを報じなければならないと、六郎たち三人は、農夫也ら五人がいる三日市の油屋に駆け付けてきたのであった。橋本や三日市に泊まるということは、あらかじめ打合せてあったので、三人は五人の滞在先を容易く見つけることができた。

## 福地屋浅五郎の献身

仇敵が堺に上陸したことは判明した。次に重要なことは、彼らがどこに泊まり、どの方向に行くかなどの動静を探ることである。探索は難儀ではあるが、この大役を引き受けていたのが、先ほど登場した福地屋浅五郎であった。

浅五郎は「町人のことでもございますから、助太刀《すけだち》をする様な考えはございませぬけれども、力の及ぶだけは用を達したい」と言い、助力を約束していた。敵が浅五郎の顔を知らないというのも、適任である。

二月二十九日、池田農夫也・村上四郎・行蔵・六郎・津田勉・水谷嘉三郎・赤木俊蔵・大休兵助の八人は、河根村（和歌山県伊都郡九度山町）まで進む。同日には、河根の中屋という旅館に泊まった。間もなく、浅五郎から何か報せがあるだろうと一同は期待していたが、便りはすぐには来ず。仕方がないので、支度をして、一同は早めに寝についた。夜半になっても、浅五郎からの報せはなかった。どうなっているのか心配で、おそらく、しっかりと眠ることはできなかったのではないか。ちなみに、止宿の目印は軒下に三度笠を掛けることであった。それを頼りに浅五郎は来るはずだ。夜半に一同は起き出し、明日の準備に入る。白木綿の襷の用意などをして、彼らは再び就寝する。「翌朝は必ず仕留めなければならぬ」（『速記録』）というのが、彼らにのしかかる想いであった。ぐずぐずしていると、仇敵は高野山に入ってしまうからだ。二十九日の間には、浅五郎はとうとう姿を見せなかった。

明けて、二月三十日。八人が朝食をとっていると、浅五郎が慌ただしく中屋に駆け込んできた。実は、浅五郎、昨夜もこの辺りを徘徊していた。目印の三度笠を懸命に探していたのだが、全然、見つからなかったという。しかも、中屋には、五條県（大和国南部・河内国南部の旧幕府領・旗本領を管轄するために明治政府によって、明治三年に設置された県。紀伊国内の旧高野山領も管轄。明治四年に廃止）

の役人衆が宿泊しているものと見えて、馬が二、三頭繋いである。そうしたところで、余りに彷徨いていると怪しまれるに違いないと思い、浅五郎は中屋から離れ、その夜は神谷（和歌山県伊都郡高野町）で泊まり、今朝早く起きて、再び、中屋に舞い戻ってきたのだ。

気掛かりなのは、仇敵の動きである。浅五郎によると、仇敵は昨日の夜前に「確に学文路と申す所に泊ったに相違ございませぬ」ということであった。学文路（和歌山県橋本市学文路）は、村上兄弟らが泊まった宿よりはわずか一里ばかり。仇敵の今朝の出立が早ければ、既にこの河根辺りに着いているかもしれない。いよいよ危急なことになってきたと、一同は勇み立つ。浅五郎に暇を告げて、八人は河根の宿（中屋）を出る。仇敵との対決は間近に迫っていた。

**仇討ち準備**

六士（八木源左衛門・山本隆也・西川邦治・吉田宗平・田川運六・山下鋭三郎）と、田川の年少の弟・岩吉は二月二十四日早朝に、赤穂を出港し、二十五日、飾磨（姫路市南部）に入港。翌日（二十六日）は、風波荒く、飾磨港に待機せざるを得なかった。二月二十七日は風も穏やかとなり、出港が可能となった。同日の午後六時、彼らは堺港に到着。三名が上陸し、薩摩屋卯兵衛という旅館に参り、三石光明寺より高野山金剛峯寺に宛てた紹介状を入手した。その後、三名は船に戻り、同日は船中泊となった。翌日（二十八日）の昼過ぎ、一同は上陸。薩摩屋での宿泊となる。二十九日は、高野街道の三軒茶屋まで到達し、そこの旅館・松屋惣八方に宿泊した（三軒茶屋の次の宿が学文路。浅五郎は、三軒茶屋までの動きを見届けて、村上兄弟に仇敵の動静を伝えに走ったのだろうか。浅五郎は、七人が、次の宿の学文路まで行くものと予想したか）。そして明けて、二月三十日、八木ら七人は、宿を出て、高野に向かう。

河根の中屋を出た村上兄弟らを待ち受けていたのは「坂」であった。坂を登っていきながら、どこが待ち伏せするのに適当であろうか、決闘に最適であろうかと、地理を見定めることが先決であった。そうした評議をしようと思っている時分、不可思議な動きをする人物が突如、現れる。自分たちよりも一歩先に行ったかと思えば、今度は一歩遅れる。一歩遅れたかと思いきや、一歩進んでいる。そんな不思議な行動をとる「小紋の羽織を着た年の頃、四十以上五十近い男」が村上兄弟らの前に現れ、つけてきたのだ。男の行動は、地理を見定めようとする村上兄弟らにとり、正直邪魔であったが、旅のなかで誰がどのような歩き方をしようと、それはその人の「自由」であるので、咎めたりはしなかった。ただ、茶屋で腰をかけて、その男が通り過ぎるのを待つなどの工作はしたらしい。

それにしても、この男は何者であったのか。村上四郎が後で聞いたところによると「五條県の内命を受けた目明し」（役人の手先となり、犯人逮捕を助ける者）であったようだ。村上兄弟らが宿泊した中屋で、五條県の役人らしき者もいたことは、浅五郎が述べていた。それは、本当に五條県の役人であり、八人という大人数で宿泊する者たちを不審に思い、目明しに後をつけさせたとも考えられる。四郎が聞いた話によると、五條県は四郎らが峠を下りて来たら、不審の者として捕える手筈であったという。仇討ちを行う前に、捕縛される可能性もあったのである。

山道を進む村上兄弟一行。黒石（和歌山県伊都郡高野町）の作水峠に差し掛かる。そこは「平坦の地」（『速記録』）であった。三間（約五メートル）ばかりの道で、左側には崖が見える。周囲には小松が多く生えている。二筋ほどの細路もあった。

峠の小口（入口）には少し高みになった山がある。兄弟がその場所に行ってみると、下から登って来る者がよく見えた。樹木の間からは、屈折した道が、あちらこちらにあることも観察できた。つまり、仇敵がやって来るのを見つけるのに、最適の場所であった。この少し高みになったところには、観音堂があり、そこに従僕の大休兵助が残ることになった。見張り役である。それと共に、兵助はその場所から、これから始まるであろう決闘を見届ける役割が与えられていた。見届けて、その内容を「国元」に知らせることも、兵助の任務である。兵助を置いて、残りの者七人は元の場所に戻った。

まず、池田農夫也と村上六郎が町人に扮した。当初から計画されていた変装である。農夫也は顔に膏薬を貼り、歯痛を装ったという。路傍に腰を下ろした両人。六郎が農夫也を介抱している様まで演出した。「輩下の者が介抱を致す」様を作りたかったようだ。そこから細路を五・六間入ったところには、水谷嘉三郎と赤木俊蔵が待ち伏せする。両人は、農夫也と六郎の佩刀を預かっていた。そこから数間先に待ち伏せたのが、順番に村上四郎・村上行蔵・津田勉であった。一番奥で敵を待ち受けたのが、津田である。

彼ら三人はそれぞれ短槍を持っていた。短槍とは言え、持ち運びには一苦労あった。槍のような長い物を持って歩いたら、当然、人々の不審を招く。よって、道中、人に問いかけられること度々だった。その都度「是は高野山へ納める額の額縁である」など色々な弁解をしていたようだ。そのような理由があって、槍をどこかに隠すことを彼らは計画した。

これより二日前の二月二十八日、池田農夫也・村上四郎・村上行蔵・津田勉・水谷嘉三郎ら五人が、紀見峠から三日市（大阪府河内長野市三日市町）に戻る途中の峠の手前で、彼らは土橋を見つける。その橋は杉丸太で作られていて、その丸太の皮が剝けている箇所もあった。

皮を剝がしてなかに槍を仕舞い、山裾の草むらに隠したのである。今回、作水峠に来るまでに、草むらに隠し置いた皮に包まれた槍をそのまま持って来たのだ。

赤木俊蔵と水谷嘉三郎が潜んでいる場所からもう一つ向こうの道で、丸太皮の包みから槍の柄を取り出し、槍穂を仕込むことになった。袋に入れてある槍穂を出して、柄に嵌《は》め込もうとしたのだが、ここで思わぬハプニングが起こる。前日に雨が降ったことにより槍の柄が膨れ、穂に嵌め込むことが容易ではなかったのだ。嵌め込みに手間取っているうちに、仇敵が登って来るのではないかと気が気ではなかった。しかも、往来人もいて、ぐずぐずしていたら、怪しまれる可能性が高まる。そこで、短刀を引き抜き、槍の柄を削るという対策を講じる。これでやっと、穂は柄に嵌まった。

待ち伏せ場所に戻り、これでようやく敵がいつ現れても良い状況となったのである。すると間もなく、見張り役の兵助が駆けてきて「もう只今、敵が一・二丁まで、登って参った」ことを告げる。

それは、午前十時頃であった。一同は「いよいよ、敵が眼前へ参って居る」ことを承知したのであった。浅五郎の話によると、仇敵らはそれまで、三人あるいは五人とかなり離れながら歩いていたようだ。これは、人の目を気にしてのことだったろう。ところが、この日（二月三十日）は、高野登山の当日ということもあり、安心していたのか、六人が皆、一緒になって歩行していた。これは、村上方にとっては幸いであった。

### 激烈！　高野の決闘

同日の朝、八木源左衛門・山本隆也・西川邦治・吉田宗平・山下鋭三郎・田川運六・岩吉の七人は、三軒茶屋の宿を発った。昼頃には高野山の釈迦門院に到着するはずであった。学文路・河根を通り、そして黒石の作水峠に差し掛かる。路傍には、顔に膏薬を貼った年配の男、その側には男の部下であろうか、若輩の男の姿が見えた――この両人は、変装した池田農夫也と村上六郎である。

両人の前を、山下ら七人は「何の気も無く通り過」ぎた（『速記録』）。一番奥で待ち受けている津田勉のところには、西川邦治が最も早く姿を見せた。続いて、吉田宗平・田川運六・八木源左衛門が並んで現れる。その次には、山本隆也・山下鋭三郎が並び、後ろには見知らぬ「一人の青年」がいた。この青年とは、言うまでもなく田川運六の弟・岩吉である。

仇敵のなかで、先頭に立って歩いていた西川邦治が、津田勉の眼前に現れた時、二発の銃声が鳴り響いた。池田農夫也と村上六郎が敵の背後から、決闘開始の合図のために放った空砲である。村上方の目論みでは、銃声に驚いた仇敵は後方を振り返るはずで、その隙に槍を所持する村上四郎・行蔵・津田勉が双方から飛び出て、挟撃する計画であった。

ところが、空砲が放たれた時分は、天は曇り、強風が吹く気象となっていた。よって、二発の銃声は、仇敵たちにはよく聞こえなかったようだ。振り向きもせず、近付いてくる。村上方の想定とは違ったが、合図の砲があったからには、攻撃を仕掛けなければならない。四郎・行蔵・津田は三人同時に、敵の眼前に飛び出て、名乗りを上げる。

名乗りの言葉が終わらぬうちに、異変を悟った敵方も刀を引き抜く。津田は槍を持って、西川と対峙する。西川の後に歩いていた吉田宗平・田川運六・八木源左衛門は、村上四郎が相手することになった。行蔵は如何なる訳か、後方に廻っていたようだ。四郎が真っ先に狙ったのが、吉田の胸板であった。吉田の胸を槍で突こうとしたのだ。四郎は続けて、八木を突く。

そして、田川を突こうという時に、吉田らの後ろを歩いていた山本隆也が、横合いから、四郎の面部を斬り付けてきた。そこに、農夫也・六郎、続けて水谷・赤木という心強い味方が「宙を飛んで」駆け付けてくる。四郎は、額に傷を受けていたので、味方の加勢がなければ一命も覚束なかったかもしれない。決闘は、七人・六人が入り乱れての混戦となった。

　津田勉は西川邦治と渡り合っていたが、その際、足に躓く物があり、転んでしまう。両者、組み打ちになろうとした時、背後から六郎が西川の横腹を刀で貫く。西川はそのままそこに倒れた。四郎の証言によると接戦は三十分間くらいだったようだ。

　その間に四郎は、顔と肩、手の裏に突傷を受けていた。肩の傷により「左の腕は、さっぱり役に立ちませぬ様」(『速記録』)になってしまった。接戦の後、四郎が辺りを見廻してみると、仇敵は殆ど打ち倒れていた。ただ田川運六のみが、刀を持ち、臥せながら、撫《な》で斬《ぎ》り(薄く削ぐように斬ること)している有様だった。四郎は左肩を負傷し、槍を持つことができなかったので、右手で刀を抜いて、田川の側に近付く。そして、既に弱っていた田川の咽喉部を狙い、止《とど》めをさした。

　他の味方の者は、仇敵・西川邦治が倒れているところに寄り集まっていた。四郎がそこに行くと、怪我をしているということで、包帯をしてもらった。四郎が道路に倒れ込むように休息している間に、仇敵の死骸改めが行われた。仇敵は六人のはずが、五人の死骸しか見当たらない。一人足りないことに気づく。「誰が足らぬ」「山下鋭三郎が逃げている」「此の一人を逃してはエライ心外のことである」と話しているところで、六郎が口を挟む。

「山下ならば確に手を入れて居る」と。

つまり、山下に攻撃を加え、負傷させていると言うのだ。遠方には逃げておるまい、その辺りを調べてみろとも六郎は言った。山下の探索が始まった。しかし、その発見にそれほど時間は掛からなかった。赤木と水谷が敵を待ち受け潜んでいた脇道から一丁ばかり下に山下は逃げていた。六郎が言ったように、山下は既に負傷しており、最早、動く力もない状態で、うつむきに倒れている。しかし、飛び道具でも持っていて、最後の力を振り絞り、攻撃してこないとも限らない。そうなれば厄介なので、早く討とうということになった。山下の側に近付き、槍を使い、止めをさしたのである。

西川邦治はじめ六人の首は掻き切られて、ひと所に集められた。村上兄弟たちは、亡父・村上真輔と亡兄・河原駱之輔の戒名を書いた料紙を、松の大木に貼り付け、そこに仇敵六人の首を供えた。

以上は『速記録』に収録された、仇討ちから三十六年が経った明治四十年（一九〇七年）十月十九日の村上四郎の証言を基に、高野の仇討ちを再現したものだ。

## 村上行蔵の証言

実は、仇討ちに関する村上方の証言は、四郎以外にも存在する。『司法省日誌』(明治六年＝一八七三年二月)に収載された「村上行蔵口書」である。五男・行蔵の大阪裁判所における供述を記録したものだが、仇討ちから二年後の証言であり、行蔵の記憶も、未だ鮮明であっただろう。「口書」によると、仇討ち当日、行蔵は四郎・勉と共に短槍を携えて前の方に待ち伏せしていたという。赤木俊蔵と水谷嘉三郎は後の方に待ち伏せ。池田農夫也と村上六郎は町人病者の風を装い、中央路傍にて仇敵を待ち受けていた。

そうしたところに、仇敵・西川邦治と田川岩吉が手を携えやって来る。次に、八木源左衛門・吉田宗平、その後には田川運六・山本隆也が歩を進めていた。少し遅れて、山下鋭三郎が歩いてきた。その時に、農夫也と六郎が空砲を鳴らす。それを合図に一同は仇敵の前に現れ、名乗りを上げる。津田勉は、西川邦治に向かい合い、行蔵は八木源左衛門の胸部を槍で突く。続けて、行蔵は吉田宗平と田川運六の胸部も槍で突いたという。その時、四郎も宗平の胸部を槍で突くが、源左衛門から額を切り付けられる。

が、四郎は屈せず、源左衛門の胸を突いた。ところがその時、四郎は後方より、田川運六から、耳にかけて、斬り付けられる。そうしたなかにあって、行蔵は源左衛門らの腰部を狙い、槍を突く。すると、源左衛門・宗平・運六・隆也らが、行蔵と四郎に厳しい攻撃をかけてきた。四郎は数箇所に傷を負っていたので、大いに苦戦する。

そこに水谷嘉三郎が駆けつけてきて、誰彼、見境なく一刀を仇敵に浴びせた。隆也は嘉三郎の方を振り向いてこれに立ち向かう。行蔵は、嘉三郎を援護しようとしたのか、隆也の右の頬に切り付けた。村上六郎は、山下鋭三郎の左肩に一刀を浴びせ、続いて、そのまま進み来たりて、隆也の左肩を切り付ける。池田農夫也は、吉田宗平の右肩右手に切り付けた。

すると、宗平はその場に倒れる。農夫也は隆也に迫り、その右肩を切ったので、隆也もまた倒れた。八木源左衛門は、四郎の槍で倒され、田川運六は、行蔵と六郎の「三本の槍」(三度、槍を突いたか)により倒れた。前方では、津田勉と西川邦治とが組打ちをしていた。それを見た六郎は、その場に至り、邦治の脇腹を刺す。邦治が倒れようとするところを、農夫也が駆け付け、更に右肩を切った。邦治は倒れる。

その頃、山下鋭三郎は、負傷しつつも、後方に逃げようとしていた。赤木俊蔵が鋭三郎を追い、鼻の辺りに切り付けたが、鋭三郎は弱る気配を見せず、脇道を一丁ほど逃走。そこに伏せていたが、農夫也と行蔵が追いかけ、二、三本、槍を突いて、鋭三郎を殺した。

鋭三郎と運六の首は、行蔵が取った。源左衛門と宗平の首は、農夫也が取る。邦治と隆也の首は、六郎が掻き切った。仇敵六人の首は、亡父兄の名を認めたものの前に、供えられた。

さて、運六の傍らには、その弟・岩吉が、首筋に傷を負い、抜刀のまま倒れていた。村上方は岩吉が同行していたことは知っていた。彼に遺恨はないので、殺害してはならぬとも事前に申し合わせていた。ところが水谷嘉三郎は、仇敵の顔を一人も知らず、更には乱戦となったこともあり、岩吉に刀を浴びせてしまったのだった。村上方は、神谷宿の役人に岩吉の手当てを頼んだが、治療の甲斐なく、その日のうちに、岩吉は息絶えた。以上が「村上行蔵口書」の高野の仇討ちに関する記述である。

『速記録』の村上四郎の証言と被るところもあるが、行蔵の視点からの仇討ちの様が分かり、貴重であろう。『速記録』証言と「口書」を照らし合わせることにより、見えてくることもある。「口書」は、村上方が仇敵の身体のどこを武器で攻撃したかが『速記録』よりも詳細である。また、誰が誰の首を取ったかということも記載してある。『速記録』では、四郎が田川運六の咽頭部を刺し、殺したことになっているが、「口書」には「私弟（筆者註＝行蔵と六郎）三本の槍に倒」れたと記されている。これは、おそらく、行蔵と六郎の槍による攻撃により倒れた運六が、その後で、四郎の攻撃を受け、死亡したということだろう。

　このように『速記録』証言と「口書」を照らし合わせて初めて分かることもある。ちなみに『速記録』にも、運六の弟・岩吉のことが述べられている。同書には、岩吉は十六歳か十七歳とあり、手癖が悪いため、家の者の手に余り、高野山に同行したと記される。手癖が悪いとは具体的に何を指すかは不明だが、素行不良でもあったのであろうか（岩吉が本当に手癖が悪かったか否かは不明である）。

　村上方は、岩吉は「決して目指す敵ではございませぬ」ということで、手出しをしないよう話していたのだが、決闘の際に手向かいしてきたので、これを討ったという。「口書」は、岩吉は水谷が討ったと記しているが、『速記録』には特定の名は記されていない。同書において、村上四郎は「同士打で手負を致しました者か、其処は少し判然いたしませぬ」と、同士討ちで、岩吉が負傷した可能性に言及している。ここは「口書」と大きく違うところである。無関係の年少の者を殺してしまったことに罪悪感があったのか、それとも、岩吉を殺したことを非難されることを少しでも軽減しようとしたのか。後で、あれは同士討ちだったのではとの話が持ち上がったのか。そのどれかは分からないが、筆者はここでは「村上行蔵口書」の記述を重んじたい。

四郎証言によれば、負傷し倒れている岩吉を気の毒に思い、すぐに気つけ薬を与えたという。そうこうしている間に、神谷村の役人が来たので「これは決して怨みの敵でござらぬ」「傷を負うておる、しかし生命に別條はあるまい。大切に手当をして国元へ帰してくれ」と話し、岩吉を役人に引き渡した。

四郎・行蔵のみならず、水谷嘉三郎も仇討ちにまつわる証言を残している。それは『高野の復讐』の著者・筏水処が、水谷から直接聞いたものであり、概要が同書に掲載されている。仇討ち時は敵味方とも「阿修羅」のようになり、乱闘しているので、無我夢中となり「相手が誰であるかも判らぬ程」だったという。叔父の村上四郎が敵に眼から耳の下へかけて斬り付けられて、傷口が割れて肉がはみ出していたとの言葉は生々しい。「鰐口」の如く開いた傷により、四郎の相貌は別人のようになっていたそうだ。

嘉三郎は、決闘の最中に誰かの上に跨《また》がって止めを刺すため一刀を浴びせようとしたら、それは叔父・四郎であったとの逸話も披露している。目印として付けていた白襷で、味方だと気が付いたのだ。見誤りは、乱戦ということもあろうが、四郎の顔が負傷のため、それだけ激変していたということだろう。

決闘は「一刀の下に首が飛ぶ」とか「胴を真二つ」にというような、講談のようなものではなく、幾ら深傷を負っても急所でない限りは、容易に倒れるものではないという嘉三郎の証言は、実戦の凄まじさを示している。嘉三郎は、味方のなかで、四郎が一番剛胆で、仇敵への敵愾心が強かったと述べている。真輔の雪冤運動においても、決闘においても、目覚ましい働きを四郎はしたのであるが、「死地に臨んでの真剣勝負」の経験はなかった。嘉三郎はそうした真剣勝負の経験があるか否かにより非常の差が生まれると言う。

村上行蔵と六郎は、周世において、野上鹿之助を討ち取るという実戦の経験があった。よって、嘉三郎曰く、彼らは精神に落着きがあって目が八方に届き、四郎や津田勉の危機を救ったばかりか、自らも深傷を負わなかったという。一方、実戦経験のない者は敵の刃先が無闇に眼について隙が分からないので、思いきり打ち込むことができない、振り下ろした刀も敵に届かないと嘉三郎は語る。普段、剣道の稽古を幾らしていても、いざ、真剣となると精神一つが勝負の分かれ目になると嘉三郎は見るのである。

嘉三郎は三十分以上、刀を振り回して戦ったが、さほど疲労は感じなかったそうで、それは稽古のお陰ではないかと推測している。決闘が始まる時、味方の者が名乗りを上げ、敵が一斉に白刃を振り翳し立ち向かう瞬間の光景は「壮烈」「壮絶」「形容の言葉もない立派なもの」と嘉三郎は評している。それは、嘉三郎にとり、忘れられない光景となったのだろう。仇敵に対する賛辞ととることもできる。

## 仇討ちを目撃した地元民の証言

高野の仇討ちにおいては、地元民の証言も残されている。大阪朝日新聞に小説「作水峠」(大正元年連載)を執筆した大江素天は、明治四十五年(一九一二年)七月、現地を訪問し、仇討ちを目撃した人々の話を聞いている。

観音茶屋の「お柳婆さん」(六十歳余り)は、自分が二十歳くらい頃の話として、仇討ち当日を大変な風の日だったと述べている。お柳は家の前の山で草を刈っていたが、突然「ヤア、ヤア、ヤア」という「恐ろしい掛け声」が聞こえたという。「何やろなぁ」と訝しく思ったお柳であったが、声が聞こえた方向に向かうこともせず、そのままにしていたら、間も無く、二人の「お侍士」が血刀を提げて下りてきて、お柳の家に飛び込んできた。

侍は「心配するな、今ここで親の仇を討ったのじゃ」と言うと、手杓で水をガブガブ飲み、それから河根方面へ下りていったと言われる。「心配するな」と言われても、血刀を提げた男が急に家に入って来て、水を飲み出したのだから、驚くなという方が無理であろう。お柳には姉がいて、その姉とともに「おそろしくてガタガタふるえて」いたとのこと。お柳は、村上方の侍を「立派なお侍士の色の白いそれはそれは御容色のよい方で」と形容していたという。その後、お柳は、仇討ち現場に行ってみたようで、するとそこには「どなたでございましたか、きれいな方が顔に傷を受けて仰向けに倒れておられた」。

その者（村上四郎）は、腰から煙草入れを出して、血の付いた手で煙草を揉んで「火をつけて吸わしてくれ」と言った。お柳は、その者の心持ちが悪いとも思わず火を点けてやったという。赤木俊蔵について、お柳は「赤木さんというのはエライお方で、仇敵を三人まで斬られた」「両刀使いの名人でなぁ、顔に薄いほうそう（疱瘡）があった様に思います」との言葉を残している。服装についても「皆、縞の細かい袴をはいて、仇敵の方は黒の五ツ紋、唐びろうどの襟のついたじゅばん（襦袢）を着て、大きな足の人がございました」と証言している。お柳は、死体が転がっているところに行き、計測までしたようだ。すると一尺もあったという。土鍋や雪平（陶器の平鍋）を背負ったまま殺されていた者もいたとのこと。現場は「手がとんでいる、腹（筆者註＝腑）が出ている、首は一つもない」という惨状であった。

村上方で見張りをしていた大休兵助についても、お柳は話していて、それによると、兵助は金比羅参りの風をしており、仇討ちが終わると「仇討ちじゃ、仇討ちじゃ」と大声で喚きながら、坂を下りていったそうだ。仇討ち翌日の見物人の数はそれはそれは大したものだったという。以上が観音茶屋のお柳の証言である。

仇討ち後、村上方の重傷者が滞在して手当てを受けた大家の主人・弥三吉という六十余りの老人の証言もある。それによると、騒動が起きた時は、何が何だか分からず「喧嘩じゃ」という風に皆、思っていたらしい。村中が騒動となって大変だったようだが、仇討ちということが分かると安心したとのこと。大家の土蔵で預かった村上方の刀は「どれも歯がノコギリの様になっていた」ようだ。激闘の様が窺えよう。重傷者の傷は酷く痛んだが、誰も「痛い」という言葉を口に出す者はおらず、代わりに「ヤレヤレ」「ヤレヤレ」と怒鳴っていたという。ご不浄に行くにも、包帯を替える時でも「ヤレヤレ」と言っていたようだ。弥三吉は彼らを見て「侍というものはエライ者です。痛いということは一口も言いません」と賛嘆している。

終章

# 死闘の果てに

## 負傷者の容態

明治四年（一八七一年）二月三十日、村上兄弟は、ついに、父兄の仇敵六人を討ち取った。

仇討ちの日付について、『速記録』における村上四郎の証言や、他の記録類においては「明治四年二月二十九日」となっている。が、これは『赤穂市史』や他の著作が既に指摘しているように「二月三十日」の誤りである。四郎は仇討ちを二月二十九日と述べているが、その翌日は「三月一日」だったと述べている。明治四年は未だ旧暦であり、同年の二月は一ヶ月が三十日ある「大の月」であった。よって、仇討ちの翌日が「三月一日」ならば、仇討ち当日は「二月三十日」でなければならない。

閑話休題。仇敵を討った村上方にも損害はあった。負傷者は村上四郎と村上六郎、津田勉の三人であった（『速記録』）。

そのなかでも、四郎が重傷だった。野羽織（旅行・乗馬などで着用した羽織）、襠高袴（袴腰の中央から内股までの襠が高い袴）を着たまま、仇討ち後、暫くは、道で横になっていた四郎。傍らで、兄の池田農夫也たちが話している声が聞こえたそうだが「とても助からない」と述べていたようだ。というのも四郎の「眼は裏反って黄色になって居った」ので、これは駄目であろうと判断したという。四郎たちの側には、仇討ちがあったことを聞きつけた人々が集まってきた。往来の人が集まる神谷宿からやって来た者が多かったようだが、人々は「実に目出度いことでございます」と言って親切に世話をしてくれたとのこと。

神谷の庄屋まで現れて、暫く休憩してから、神谷で介抱しようということまで、申し出てくれた。が、神谷に行くまでもなく、神谷から医者が来て、応急手当をして、気つけ薬を与えてくれた。が、四郎は、兄たちが心配するほどの傷かと感じていたようだ。その場で「奸魁を斃さずんば誓って死せず」との漢詩を作り、輦台（人を乗せる台）の上で声高に吟じたというから、確かに気力はあったのだろう。

仇敵六人を全て討ち取ったならば、早速、その場の役人を呼び寄せて、立ち会わせることに決めていたが、その役は、農夫也と行蔵が担うことになった。農夫也も負傷していたが、それはかすり傷程度のものだった。紀伊国内の旧高野山領を管轄している五條県に自首することにしたのだ。

### 五條県へ自首

五條（奈良県五條市）に行くには、今朝通ってきた道を戻らなければいけないわけだが、その途中には、それまで宿泊していた旅館・中屋があった。農夫也と行蔵は中屋に立ち寄り、そこの女主人の老婆に「夜前はどうも御厄介になった。決して、貴方がたに迷惑をかける者ではないが、今朝、親の仇を討って本望を遂げたから、まぁ喜んでくれ」という旨を告げた。人によっては、仇討ちという血腥いことをしてきた者を毛嫌いし、そうした者と少しでも関係すれば、我が身にどのような災難が降りかかるかと恐れる人もいるだろうが、中屋の女主人が違った。老婆は大変喜んで「それは実に目出度いことでございます。どうぞ、まぁ、お上り下さい」と言うと、二人を座敷に上げて、白木の三宝（供え物を載せる道具）に、土器（素焼きの陶器）と銚子（酒を杯につぐ器）を載せて、持って来てくれたのだ。本懐を遂げた二人を祝おうという気持ちを行動で見せてくれたのであった。

二人は女主人に「五條県に自首せねばならぬから、どうぞ、御厄介であるが駕籠を二挺頼んでくれ」と依頼する。女主人はそれを快く引き受け、帳場の駕籠舁きに「貴様行け」と命じる。するとその駕籠舁きの男は、殺人を犯した者に関わるとどのような目に遭うか分からぬと、腰が引けたことを言ったという。女主人は駕籠舁きに激怒する。「日頃、出入りしている癖に、勝手を言うて、行かぬならば、もう金輪際、貴様には頼まん。行かないというのであれば、こちらにも考えがある。今後は一切、ここに出入りしないこと。貴様らに迷惑をかけるようなことはさせん。迷惑のかかることなら、この婆さんがしよう」と怒って、とうとう駕籠舁きたちを屈服させた。中屋の女主人の義侠心によって、農夫也と行蔵は、スムーズに五條へ向かうことができたのであった。

中屋の紹介により、二人は五條の常楽屋善兵衛という宿屋にまず赴く。その上で、五條県庁に出向き、自首に至った。五條県知事・鷲尾隆聚に、村上六郎・行蔵・四郎・農夫也の連名の自訴状(二月晦日付)が提出された。そこには仇敵「赤穂藩卒族　山下鋭三郎・西川邦治・吉田宗平・山本隆也・八木源左衛門・田川運六」の名が記され「此者共」は、赤穂藩において徒党を組み、文久二年十二月九日夜に、父・村上真輔を殺した「不倶戴天の仇敵」であると書かれている。また、それ以来、真輔は冤罪となったために、只管、その雪冤に尽力したことも述べられている。

今回、真輔は罪がなかったことが明らかになり、仇敵は紀州高野山に登ることが判明した。最早、彼らを捨て置くことはできず、断然復讐に及んだ。「御大典」(法律)を犯したことは幾重にも恐縮しているが、情義によって、復讐に及んだ。決して私怨の行為ではない。以上のような内容が、訴状には述べられている。

五條県からは、検使が五、六人(『速記録』)派遣された。検使が高野に到着したのは、その日の夜半だったという。検使には、五條県の県医・井澤保民と橋本の医者も同行していた。

県医は村上四郎らを診察した後で、検使にその容態を告げたのであろう。検使は、四郎の甥の水谷嘉三郎に対し「四郎殿の傷は余程重い様に見受ける。何時、落命せられんともいえぬから、何か聞いて置くことがあれば聞いておかぬと、まさかのことがないにも限らぬ」と伝えた。直後、嘉三郎は、検使の話の内容（叔父さんは、何時死ぬかも知れぬから、聞くことがあれば聞いて置けと言われた）を包み隠さず、直球で、四郎に披露する。

それに対し、四郎は「吾は死にはせぬと思うて居るが、然し分からぬけれども、吾は何もいうことはない。お前、聞くことがあれば何なりとも聞くがよい」と嘉三郎に話したという。嘉三郎が叔父・四郎に何か聞いたのかは『速記録』には記されておらず、残念ながら不明である。

検視の後には、治療が始まる。二人の医者が、四郎の傷口を縫ったようだが、耳の傷を縫う時には、かなりの痛みを感じたそうだ。その他の縫合は、痛くも何ともなかったようだ。側で、四郎の縫合を見ていた捕亡（罪人を捕える役人）の十津川郷士（奈良県吉野郡十津川地方の郷士）は、四郎が痛いとも言わず、泰然自若としている態度に驚嘆したという。

翌朝には仇敵の死体の検視があったが、村上六郎が立ち会った。死体は皆、身首ところを異にしていたので、六郎が「これは誰の首」と検使に伝達した。西川ら七人の死体は、棺に納められ、そこに石灰を詰め込み、埋葬されたという。紀州高野山神谷には、八木源左衛門・西川邦治・山本隆也・吉田宗平・山下鋭三郎・田川運六・田川岩吉の殉難七士の墓があり六基の墓石が建つ。岩吉は兄・運六と共に葬られた。

村上四郎と村上六郎、津田勉の負傷者三人は、約十日間は神谷に滞在し、看護婦付きの手厚い看護を受ける。傷が癒えてきたので、三月十一日頃に、彼ら三人は五條県に護送され、農夫也や行蔵らと一緒になった。水谷嘉三郎と赤木俊蔵は、仇討ちから一両日後に、既に五條県に赴いていた。五條県での待遇も手厚いものだった。宿屋の常楽屋からは日々賄いが送られてきたし、一週間に一度くらいは行水ができたという。

村上兄弟らの仇討ちの一件は、瞬く間に大坂辺りにまで伝わり、風聞でもちきりであった。水谷嘉三郎の実父・潜蛙は使いの者を五條に派遣し、様子を探らせているが、使者が泉州堺の難波屋という茶屋に休息した時、仇討ちの話が出たといわれる。

茶屋での噂話は「怪我人は、四郎・六郎・勉の三人で、重体ではない」というものであった。五條へ行く途中では、見物人（野次馬）を禁じる触れが五條県より出されていたようだ。使いの者は、三夜も五條に滞在し、三月十四日に同地を出立。同月十六日に播磨新宮に帰り着いた。使者は水谷潜蛙に、道中や五條でのことを話した。その内容を潜蛙は書状（三月十六日付）にまとめ、赤穂へ急報している。そのなかには、前に述べたような風説のこと、「味方の者」（村上兄弟ら）が東京へ送致されるのではということ、五條では手厚いもてなしを受けていることなどが記されている。潜蛙は三月上旬にも、仇討ち成就の報を赤穂の村上邸に知らせており、急報は三月三日に赤穂に届いた。

仇討ちの様を見届けて、国元に知らせる役割を担った大休兵助は、三月三日に新宮に到着している。兵助から話を聞いた潜蛙は、すぐに赤穂に仇討ちのことを知らせたのだろう。吉報を聞いた赤穂の村上一族の人々は、当然歓喜した。そのなかにあって、憤激した者が一人あった。河原駱之輔の遺児・亀次郎（十六歳）である。亀次郎は、仇討ちがあることを知らされていなかったため「叔父上等は、なぜ私を仇討ちに連れられなかったか。父の仇討ちに加わらなかったとあっては亡くなられた父上に申訳なく、世間からも卑怯者と笑はれる」と狂おしいまでに怒ったのであった。放置しておいては、何を仕出かすか分からない様子であったので、周りの者が「亀次郎は河原家唯一の相続人であること。仇討ちの真相を後世へ伝える役目があること」などを説き、落ち着かせたとされる。

一挙（仇討ち）の報は、赤穂から岡山の江見陽之進にも急使を立てて、知らされた。陽之進は三次郎という者を見舞いとして五條に差し向けており、三次郎は三月十五日に五條に到着し、常楽屋に宿泊した。直内の子の村上璋太郎は、村上行蔵・津田勉らが、高野において仇敵六人を討ち取ったことを赤穂県庁に報告した（三月四日）。赤穂県庁には、五條県からも仇討ち一件の通知が来たので、重役等は評議の末、青山直枝を五條県に派遣することになった。直枝が五條に着いたのは、三月十四日のことである。直枝は、五條県の鷲尾知事に村上兄弟ら下手人一同の赤穂への引き渡しを要求した。

だが、鷲尾知事は「当庁では、この事件の取り調べを終え、彼らは普通の殺人犯とは違い、孝道（親を敬い仕える道。孝行の道）より出た立派な復讐と認め、検視の顚末書、復讐者の訴状に現場の絵図面を添え、意見を附して台閣に報告し何分の指揮を仰ぐことに手続中であるから、貴藩の申し出には応じられぬ」と赤穂県の要請を撥ね除けたのであった。赤穂県の重役としては、村上兄弟らが他県で取り調べを受けることにより、赤穂県（藩）への嫌疑を申し立てかねないと危惧し、その身柄を引き取ろうとしたのだろう。が、その企ては失敗した。

赤穂県は太政官（明治政府の最高官庁）に対し、高野の仇討ちを報告しているが（明治四年三月晦日付）、その報告書には「当藩士族　村上璋太郎叔父　村上行蔵」「同　村上行蔵従兄　津田勉」と、行蔵と勉の名が記されている。そして、「右の者共」が二月晦日に紀州作水村において、父・村上真輔の為、「兄弟申合せ復讐と申し立」て「当藩卒」六人の者を討ち、その後、五條県へ直に届け出があったことが、村上璋太郎より報告された旨が述べられている。詳しいことは、取り調べの上、お知らせするとしている。「父・村上真輔の為、兄弟申合せ復讐と申し立」と記されていることは、赤穂県としては、村上方の言い分（父のための復讐である）を認めていないと感じさせる。

つまり、村上兄弟が勝手に復讐と申しているのだと受け取れる文言であり、もっと言えば普通の殺人犯として村上兄弟らを処分したいという赤穂県重役の思惑を感じることができる。とは言え末尾に、委細は取り調べの上、お届けすると書いているので、今回の事件がどのように転んでも、臨機応変に対応できるようにはしている。非常に強かな文面であろう。

## 和歌山そして大阪へ

村上兄弟らの東京送致の風説もあったが、東京に送られることなく、明治五年（一八七二年）三月まで五條で過ごすことになる。同年三月、村上兄弟らは、和歌山県に送られる。これは、村上四郎が『速記録』で述べているように、仇討ちがあった場所が、区域併合の際に、和歌山県の管轄となったからである。村上兄弟ら七人は、五條から船に乗り、紀の川を下り、和歌山に赴いた。和歌山での、彼らの扱いもまた「鄭重」（『速記録』）なものであった。最初こそ揚屋に入れられたが、室の往復は自由だった。数日経つと、希望する場所に移ってよくなり、よりよい部屋に移ることもできた。そこは二間程の家が二軒に分かれたようなところだったようだ。そのようなところに、分かれて収容されたのだ。彼らが和歌山にいたのは、約二、三ヶ月ほどだった。六月中旬、今度は和歌山から大阪府へ移された。暑い時分ということで、村上兄弟らは、袴・羽織・褌まで新しいものを貰い、大阪に参上する。

汽船で大阪川口まで行き、そこから小船に乗り、大阪府庁にまで到達した。大阪における村上兄弟らの扱いは、それまでとは異なる。これまでは、見張りの者がいたとしても、戸締りも何もない揚屋に入れられていたのだが、大阪府においては、松屋町の監獄に収容され、普通・重罪犯人と同じ扱いを受けたのである。監獄へは、二室に分けて入れられた。彼らがこの監獄へ入ってから、大阪府の中之島に、司法省臨時出張所（後に大阪裁判所に改称）が完成。そこに、早川勇大判事と、児島惟謙小判事が赴任してくる。児島は、後にロシア皇太子・ニコライ二世が斬り付けられた大津事件で、犯人・津田三蔵の死刑を要求する政府に対し、条文にない刑罰は適用できないとして司法権の独立をまもったことで著名である。判事により、村上兄弟らは取り調べを受けることになった。

さてその年（明治五年）の夏、続之丞改め森続磨は、飾磨県庁に招致され、監視付きで糾問を受けることになった。幕末、赤穂藩の家老を務めた続磨は、明治の御代となっても失脚することなく、県大参事となっていた。その続磨が呼び出しを受けて、飾磨県庁にて、厳重な取り調べを受けたのである。が、糾問は三日間で終了し、続磨は帰宅を許される。その後も、罪に問われることはなかった。

明治十二年（一八七九年）一月、続磨は赤穂郡長に就任。明治十八年（一八八五年）に依願免官となり、翌年一月十七日に五十八歳にて、この世を去った。続磨こそ文久事件の黒幕だとする見解もあるが、その実相は当時、公の場で明らかにされることはついになかった。

## 取り調べと判決

明治五年（一八七二年）六月、村上兄弟らは身柄を大阪に送致されたわけだが、七人は、代わる代わる司法省臨時出張所に獄中から呼び出されて、大判事・小判事の取り調べを受けた。そして、同年七月二十六日には「口書」（供述書）が纏められている。『司法省日誌』（明治六年一月〜二月）の「村上行蔵口書」がそれである。農夫也・四郎・六郎・勉・嘉三郎・俊蔵の「口書」もあったようだが、行蔵の「口書」と「大同小異」として略されている。では、村上行蔵は何を語ったのだろうか。長文であるので、要所の現代語訳で見ていこう。

「私は元赤穂藩士族、故・村上真輔の五男である。父が横死してから、その嫡男・村上直内が禄を取り上げられ、暇を申し付けられた。その後、文久三年、祖父・村上中所の勤功をもって、私は家名相続を許可されて、七人半扶持・中小姓席を仰せ付けられた。慶応三年二月には、直内の倅・村上璋太郎を養子にして、家督を相続させた」。

行蔵の簡単な経歴が述べられた後は、文久二年十二月九日夜の文久事件の描写となる。「赤穂藩卒・西川升吉は、村上真輔の邸に参り、上京するということで面会を請うた。真輔が応接の間に入った時、五・六人の者が闖入し、斬りつけた」との供述があるが、本書の文久事件の項目においても「口書」の内容を記載しているので、詳細は割愛しよう。

文久事件の後は、真輔の次男・河原駱之輔が藩の家風に合わずとして暇を出され、赤穂を退去する様が語られている。退去の道筋には仇敵の者たちが、駱之輔を殺害せんとして待ち受けていたので、仕方なく、菩提寺の福泉寺に赴く。種々の嘆願をするも、藩はこれを採用せず、悲憤した駱之輔は自刃して果てるのであった。

その後も本書で述べてきたような、下手人の脱藩と帰藩、再びの脱藩。周世の仇討ちなどの経緯が語られている。ちなみに、周世の仇討ちに関しては、行蔵は当初、野上鹿之助を捕らえて、仇敵の居場所を詰問するつもりだったと述べている。しかし、鹿之助の身柄を差し押さえることが難しく、復讐と名乗って討ち取ったという。

明治元年三月、真輔にかけられていた罪の疑いは晴れ、直内の出仕も許された。真輔は無罪の人となった。無罪の人を殺すのは「有罪の人」であると、行蔵は口書で仇敵を非難している。が、その「有罪の人」への赤穂藩の処断はなく、村上一族の哀願も聞き入れられることはなかった。

そうした諸々があって、法律を犯すのは恐縮なことではあるが、遂に復讐を決心したと行蔵は言う。口書における高野の仇討ちの描写も先述したので、ここでは省略する。口書の末尾には、仇討ち後、五條県、和歌山県に身柄を引き渡されたこと、この度「当御役所」(司法省臨時出張所)において吟味を受けることが書かれている。助命嘆願の言葉などは記されていない。

## 参議・西郷隆盛の影

村上兄弟らの取り調べは、明治五年（一八七二年）八月に終了した。判決は死罪であった。筏水処の『高野の復讐』は「此時、司法省出張所にては赤穂へ吏員を派遣し、藩情を取調べたのであったが、同藩にては自己の立場を取繕はんとて、其節は一応の取調べをも行はず、殊更に回避したる周世の仇討事件をも持出し、高野復讐を意義なき暴挙の如く申立てたので、法官の心証は却て村上方に不利となり、七人の所業は朝憲を憚らざる大罪と認められ」て、前述のような厳しい判決が出たとする。

村上兄弟らの行為は復讐とは認められず、謀殺（殺人）だとされたのである。山下鋭三郎ら六名の者は、村上真輔を殺害したことに相違ないが「朝廷寛典の御趣意」によって、既に双方無罪となっている。以後、仇としないという誓書まで提出しておきながら、なお遺恨を持ち、山下らを殺害したことは復讐の律で断ずることはできない。「謀殺の本条」に照らし裁くべきだとされたのである。

明治三年（一八七〇年）十二月に制定された『新律綱領』（明治政府のもとでの最初の刑法典）巻三の人命律上には「謀殺」の条があり、そこには「人を謀殺するに造意者（首謀者）は斬」（斬首刑）、「従にして加功する者は絞」（絞首刑）と記されている。

これに則れば、村上四兄弟（農夫也・四郎・行蔵・六郎）は首謀者として斬首、助太刀した勉・嘉三郎・俊蔵は絞首刑に相当する。しかし、農夫也・四郎・行蔵は士族であるから、斬首ではなく自裁（切腹）に処されることになった。六郎は、周世の仇討ち後、逃亡して無籍となっていたから士族として扱われなかった。よって「斬」のままである。津田勉も士族であったから「絞」から「自裁」に代えられた。この規定も『新律綱領』に拠る。

大阪裁判所の早川大判事は、判決文に関連書類を添えて、司法省に上申した。そして司法省は、最後の裁決を太政官に上申する。太政官では、数回の審議が行われ、明治六年（一八七三年）二月七日、司法省に次のように通達した。

「別紙七名の者断刑、伺之通、死刑に処さるべく処、特命を以て、死一等を減ぜられ候條、此旨、相達すべき事」（『司法省日誌』）。

村上兄弟ら七名は、太政官の最終決定により、死罪を免じられたのである。司法省はこの太政官の指令に「罰文」などを添えて、大阪裁判所に通達。裁判所は七人を呼び出して、刑の宣告を行う。

「罰文」は『司法省日誌』に記載されている。村上行蔵は「山下鋭三郎ほか五名を父の復讐と称えて、討ち果たしたことは、朝憲を憚らざる仕業であり、自裁を申し付けていたが、特命をもって死一等を減じ、「禁錮十年」とされた。池田農夫也と村上四郎も禁錮十年、津田勉は復讐助力の要請に同意し、仇討ちに加わり山下鋭三郎ほか五名を討ったということで禁錮十年。村上六郎は斬罪を申し付けられていたが准流十年となった。准流とは、現代で言うところの懲役刑に相当する。明治政府は、北海道を流刑地と定めていたが、受け入れ体制が整っておらず、離島でも多人数の収容が厳しいということで、流刑に替わるものとして准流という臨時の刑を設けていた。各府藩県の監獄で刑に服することになる。准流十年は死刑に次ぐ重刑であった。

水谷（富田）嘉三郎は、仇討ちに助力したことや、無関係の田川岩吉に誤って深傷を負わせ死に至らしめたことにより「絞罪」を仰せ付けられていたが、これまた准流十年となった。赤木俊蔵は、友人・村上六郎からの仇討ちの助力を辞退しては信義が立たないとして、仇討ちに参加。山下鋭三郎ほか五名を討ち果たしたことにより「絞罪」となっていたが、准流十年とされた。

禁錮十年と聞けば、長く獄中に幽閉されるイメージがあるが、実際には帰国を許された。江戸時代の遠慮（自宅での籠居。軽い謹慎刑）に近いものだったという。農夫也は岡山の宮城家へ、四郎は岡山の江見家へ移った。行蔵と勉は、赤穂の自宅へと戻った。が、准流の六郎と俊蔵は岡山県の、嘉三郎は飾磨県の監獄へ入り、刑に服した。しかし、贖罪金を払ったことにより、長くて三年、短くて一年くらいでそれぞれ放免となった（『速記録』）。ちなみに、「禁錮」「准流」と刑罰が異なったのは身分に依《よ》るものという。

池田農夫也は、明治七年（一八七四年）に刑法の改正により、岡山の監獄へ移されるが、大病を患ったこともあり、明治九年（一八七八年）三月に出獄している。その後は新宮に帰り、養蚕に従事。明治三十四年（一九〇一年）十一月十日に死去した。

村上四郎は、大阪に出て、実業の世界に身を投じた。明治四十年（一九〇七年）に、史談会で文久事件・高野の仇討ちについて口述したことは、これまで何度も述べた通りである。大正元年（一九一二年）十一月六日、四郎は七十二歳で病没した。

村上行蔵は、明治三十二年（一八九九年）十一月八日に五十五歳で病死している。

村上六郎は、農林主事となり、初代の高野営林署長として、明治十九年（一八八六年）から明治二十三年（一八九〇年）まで勤務した。仇討ちがあった高野山麓で務めたわけだが、どのような想いを抱きつつ、仕事に従事したのだろうか。明治三十八年（一九〇五年）十一月二十九日、六郎は死去した。

水谷嘉三郎は富田嘉則と改名し、官界にあったという。三十数年勤め上げて、余生は東京の中野で送ったと言われる。津田勉は、明治三十八年（一九〇五年）五月二十二日、七十四歳で死去した。赤木俊蔵の後半生も不明であるが、明治二十四年（一八九一年）五月二十二日に五十歳で没している。その墓は大阪市の光智院にあり「村上兄弟建之」と刻まれているという。命を懸けて、仇討ちの助太刀をしてくれた俊蔵に村上兄弟は報いたのである。

それにしても、死罪が急転直下、減免されたのはなぜであろうか。明治四年（一八七一年）九月、村上真輔の女婿である神吉良輔の子・重三（二十四歳）は、参議（左右大臣に次ぐ役職）・西郷隆盛の邸内にあった。重三は、赤穂藩の権大参事（東京詰）であったが、同職を辞してからも、東京にいた。彼は、明治政府の大官に面会し、村上兄弟らの仇討ちへの理解を求めようとした。

その重三が訪れたのが、薩摩藩士として尊王攘夷運動に奔走し、討幕後は新政府の参議として権威があった隆盛の邸であった。面会を求める重三だが、執事から玄関払いをくらう。めげずに、二度目に訪問した時は、誰かの紹介がなければ面会は難しい旨を告げられた。重三は西郷邸の執事の長田という人に、文久事件と高野の復讐に関する記録、拝謁を願う書を託し、取り次ぎを依頼した。

それでも面会までの道のりは険しかった。七度目の訪問で、執事・長田は心を動かされたのか、ついに、重三のことを西郷に言上する。重三は、西郷と対面し「村上一門が期待する所は、命を惜んで酌量減刑を請うものではない。壬戌事変（文久事件）当時に遡り、免れて恥を知らぬ姦魁を糾弾して、公明正大なる御裁判を下されたい。さすれば村上兄弟は喜んで天下の刑典に服する。そうでなければ、国家に刑律なきものとして、やむを得ず一族一門、死を決して第二の復讐を行う覚悟である」と悲憤の涙に咽びつつ、嘆願したのであった。

一部始終を聞き取った西郷は「解った。宜しい」とだけ言葉を発し、大きく頷いたという。重三が西郷に面会を請うた際の書面には、西郷を「実に社稷（国家）柱石の功臣」とし、天下の士が敬慕していると記している。その西郷に「人倫」に関する危迫（切迫）した願いがあり、哀れみを閣下に求めるのみと重三は書いていたのである。西郷と面会後、重三は執事の「長田様」に宛てて、礼状を書いている。

それはさておき、重三の西郷への直訴があったからこそ、村上兄弟らの死罪が減じられた可能性があろう。

しかし「何もないのに西郷が直訴を取り上げるとは考えにくい」（福永弘之「もう一つの『忠臣蔵2』」との見解もある。福永氏は別の可能性として、信原潤一郎氏の小説（『鬼の武士道』）を基にしつつ、新宮の旗本で農夫也の養子先の一族だった池田頼方が司法卿（現在の法務大臣）の江藤新平に働きかけ、江藤が西郷を動かし、減免へと導いたのではないかと指摘されている。頼方は、江戸町奉行や勘定奉行の要職を歴任した幕府の重鎮であった。が、頼方が江藤に働きかけたという史料は現時点では発見されておらず、謎と言わざるを得ない。筆者は、重三の嘆願に心を動かされた西郷が、減免に貢献したと考えたい（これは筆者の推測になるが、西郷が江藤に何らかの働きかけをした可能性もあろう）。

## 仇討ち禁止令

明治六年（一八七三年）二月七日、明治政府は仇討ち禁止令を布告する。この禁止令の布告は、高野の仇討ち事件が契機となったとされている。

仇討ち禁止令の内容を見てみよう。「人を殺すのは国家の大禁であり、人を殺す者を罰するのは、政府の公権である。が、古来より、父母のために復讐するをもって義務とする古習が存在している。それは至情（人情）によるものとは言え、結局、私憤をもって、大禁を破り、公権を犯す者であり、罪を免れぬ。それのみならず、理の当否を顧みず、復讐の名義を挟み、濫りに人を害する事件も多い。よって、復讐を厳禁とする。今後、不幸にも親を殺された者は、事実を明らかにして、訴え出よ。もし、そうしたことをせず、旧習に倣い、殺害したならば、相当の罪科に処する。心得違いするな」というのが仇討ち禁止令の中身である。

この法律により、仇討ちは禁止され、近親者を殺害された者は、官憲に訴え出ることとされた。国家が法に基付いて、被害者に代わり、加害者を処罰することが定められたのである。以降、仇討ちは至情の発露や美風ではなく、法律的には単なる殺人となっていくのであった。

あとがき

# 高野の仇討ちが残したもの

高野の仇討ちは「日本最後の仇討ち」と言われてきた。高野の仇討ちから約二年後の明治六年（一八七三年）二月に「仇討ち禁止令」が出されたことがその理由と考えられるが、高野の仇討ち以後も仇討ちは起こっている。例えば、加賀藩の家老・本多政均暗殺事件とそれに端を発する仇討ちが明治四年の十一月二十三日に起こっている。

仇討ち禁止令の布告から二ヶ月後（一八七三年四月）、明治政府は、一度削除した『新律綱領』（明治政府が発布した刑法典）中の「復讐ノ律」を改正復活させている。これまで祖父母や父母を殺された子孫が復讐すれば杖五十に処すが、殺害された時すぐに仇を取った場合と、予め官に申し出て復讐した場合は罪に問わないとされていたが、改正後、祖父母や父母が人に殺され、その子孫が下手人を殺害した場合は、謀殺として論じ、斬に処されるようになった。つまり、復讐で他人を殺害した場合は、殺人罪が適用され、死刑に処すというのである。「復讐ノ律」は明治十三年（一八八〇年）七月公布の刑法に至り、削除された。このことから、明治十三年まで復讐は法的に存在していたとするのが、一般的である（『赤穂市史』第三巻　十七頁）。

よって、明治十三年十二月十七日に起きた臼井六郎による仇討ちこそ「最後の仇討ち」とされている。臼井六郎の仇討ちとは、幕末の慶応四年（一八六八年）に、筑前秋月藩の参政だった父・臼井亘理と母を、攘夷派の武士に惨殺された六郎が、事件から十二年目に仇を取って一瀬直久を討った事件である。世間は六郎の仇討ちを「美挙」とするが、裁判所は六郎を終身刑に処した（後に減刑・恩赦となり、明治二十四年に釈放）。この出来事を題材にして、作家・吉村昭は『最後の仇討』という小説を書いている。同作は、二〇一一年に『遺恨あり　明治十三年　最後の仇討』として、俳優・藤原竜也氏の主演でテレビドラマ化された。

このため厳密には高野の仇討ちは日本最後の仇討ちではないのだが、この仇討ちが契機となって、復讐を禁止する布告が出され、また当時、話題となった一大事件として注目に値する。事件直後から、仇討ちを伝える絵入りの瓦版が複数出版されている。明治時代には「高野の仇討絵はがき」まで発行され、西川邦治ら討たれた者の墓碑や現場の絵「赤穂勤王家諸士ノ墓碑」「赤穂勤王家殉難ノ遺跡」として紹介されている。

明治三十九年（一九〇六年）十一月に発行された『赤穂藩士讐討略記』（著者は、和歌山県伊都郡高野村に住む平岡市蔵）という、仇討ちの概略を記した十五頁の小冊子が筆者の手元にあるが、これは奥付によると、仇討ち現場の傍らにある「観音茶屋」にて定価金五銭で販売されていた。観光客用の土産パンフレットといったところだろう。ちなみに、同書は村上真輔を殺害した下手人を「佞姦邪智の曲者」、高野の仇討ちを「父兄の仇を復（うち）したる一條の美談」と定義している。

また、別に筆者が所蔵している高野の仇討ちに関する絵入り冊子は明治十三年に刊行と思われ、和歌山県の平民で紀伊国伊都郡の田中氏により出版されている。定価は二銭で、冊子に題名は記載されていない。こちらも村上兄弟らを、父の仇をとった「孝子」とする。同書は、村上真輔は赤穂藩中で並びなき剣道の達人で、山下鋭三郎や吉田宗平などは、真輔の剣技に達せざるを妬み、争論を仕掛けたと書くのである。この辺りなどは、事実が脚色・改変されて描かれていると言えるだろう。

当時、世間または高野において、本当にこうした話が伝わっていたのか、それとも、著者が事実を知りながらも、わざと物語を作ったのかは不明である。しかし、忠臣蔵もそうであるが、史上有名な事件となると、虚実入り乱れた話が紛れ込むのは、いつの時代も変わらないというべきか。

書物だけではなく、仇討ちの様子は絵馬にも描かれた。兵庫県揖保郡太子町の王子神社、たつの市御津町の賀茂神社に奉納された「高野の仇討図絵馬」（明治時代）がその代表的なものである。その他に、倉敷・福山・広島の神社に絵馬が伝来している。

大正時代になると、大阪朝日新聞で、大江素天の小説『作水峠』が連載された（大正元年＝一九一二年）。大正十二年（一九二三年）には、高野の仇討ちが芝居「作水峠」として、大阪・難波の劇場で上演される。ちなみに事件翌年には既に、道頓堀の中座で事件を題材にした芝居が上演されていた。高野の仇討ちが忠臣蔵同様、早くからエンターテイメント化していることが見て取れよう。仇討ちが殺人であることは変わりはないのだが、人々を感奮させたり、感動させる要素を含んでいるのは間違いない。

芝居は時に、内容が一方に偏っているとの苦情で中止になったこともあったという。また、赤穂では、文久事件や高野の仇討ちについて語ることがタブー視された時期もあったとされる。

最近ではそういった風潮はないと思うが、それは恩讐を越えたということでもあろうし、また事件自体が風化していると捉えることも可能であろう。筆者は、赤穂の隣市の相生市で育ったが、忠臣蔵が話題にのぼることはあっても、文久事件や高野の仇討ちが語られるのを聞いたことがない。それは事件がタブー視されているのではなく、地元であっても、多くの人が遠い昔の事件を知らないことが理由だと推測している。

昭和四十二年（一九六七年）に非売品として刊行された立石精一氏の著作『高野の血斗』には、討った側、討たれた側の子孫の言葉が記載されている（これは、同年五月九日付朝日新聞の記事「最後のあだ討」に拠る）。討った側の子孫は、津田勉の孫で医師の津田頼二氏（六十六歳）。頼二氏は赤穂「藩庁が最初の事件を、もう少し巧く処理していたら、こんな悲劇は起らなかったでしょう。討たれれば討つ、当時としては武士としてどちらも止むに止まれぬ行為だったと思います」と述べられたという。年に一度は、神谷で討たれた人達のお墓参りを、頼二氏はされていたというから、大したものだ。

討たれた側は、西川邦治の孫で農業を営む西川豊治氏（七十六歳）。豊治氏は「もう恩讐は忘れましたよ」と淡々と語られたという。同書には、田川運六・岩吉の姪・金原節子氏（七十一歳）の言葉も記載されていて、それは「運六はなかなかしっかりした人物で、村上真輔暗殺後、復讐を恐れてか、諸国をとび廻っていた様で、殺されたときはまだ独身でした」「岩吉は所謂ガキ大将で近所での評判の腕白小僧であった模様で、それだけに人一倍根性をもっており、あの時岩吉はわしもサムライの子と云って刀を抜いて手向かったそうですがさもありなんと思います」「いづれにしても、百年も前の昔のこと今さらどうこう言ったところで仕方ありません」というものだった。

ご子孫の言葉を聞いていると、もうこの時点（昭和四十二年）で、恩讐を越えているように感じる。金原さんも、叔父・運六そして岩吉のお墓に詣られたという。筆者も、本書を執筆するにあたり、赤穂・福泉寺の河原駱之輔のお墓、そして高野町神谷にある六士と岩吉の墓所にお詣りしてきた。当日（二〇二三年四月十九日）は、雷雨であり、道にも迷い（迷い込んだところには、熊注意の看板があった）、お墓に詣でるまでに苦労はしたが、無事に、墓所に辿り付き、彼らの冥福を祈ることができたことは幸いであった。

高野の仇討ちは、柴田錬三郎はじめ何人かの作家が小説にしているが、歴史書として刊行されるのは（私家版・非売品の書物を除いて）戦後においては、これが初めてだと思われる。「もう一つの忠臣蔵」と称される高野の仇討ちが、本書が契機となって、再び、人口に膾炙すれば、これほど嬉しいことはない。

末筆ながら、本書の編集を担当してくださった星海社編集者の片倉直弥様、玉稿「もう一つの忠臣蔵」をご恵与頂いた福永弘之先生に御礼申し上げたい。

**濱田浩一郎**

# 主要参考・引用文献一覧


福田宇中『日本義烈伝』巻下（真部武助、1880）
神田伯竜『高野山大仇討』（中川玉成堂、1902）
筏水処『高野の復讐 明治秘史 再版』（日本魂社、1924）
直木三十三「黒石の乱闘」（『仇討十種』プラトン社、1924）
太田雪中『明治維新　赤穂志士　高野の殉難』（十五志士事績顕揚会、1926）
平出鏗二郎『敵討』（富山房、1939）
柴田錬三郎「乱闘・高野街道」（『異変助太刀記』大日本雄弁会講談社、1956）
江原万里『鞍懸寅二郎 勤王の志士』（鞍懸吉寅先生遺蹟顕彰会、1961）
吉村洪一「『故郷七十年』をよんで——村上真輔氏と河原翠城氏について——」（『芸能』第4巻10号、1962）
中沢巠夫『明治暗殺史録』（雄山閣出版、1966）

立石精一『高野の血斗　日本最後の仇討』（「高野の血斗」出版会、非売品、1967）
大久保利謙編集『体系日本史叢書3』（山川出版社、1967）
歳森薫信『赤穂の幽鬼』（五月書房、1970）
神戸新聞社編『故郷燃える　兵庫県・近代の出発』第1巻（神戸新聞総合出版センター、1970）
神戸新聞社編『故郷燃える　兵庫県・近代の出発』第2巻（神戸新聞総合出版センター、1970）
神戸新聞社編『故郷燃える　兵庫県・近代の出発』第4巻（神戸新聞総合出版センター、1971）
柳田國男『定本　柳田國男集』別巻第三（筑摩書房、1971）
大隈三好『敵討の歴史』（雄山閣、1972）
史談会編『史談会速記録』合本26（原書房、1973）
史談会編『史談会速記録』合本27（原書房、1973）
兵庫県史編集専門委員会編『兵庫県史』第5巻（兵庫県、1980）
赤穂市史編さん専門委員編『赤穂市史』第2巻（赤穂市、1983）
赤穂市史編さん専門委員編『赤穂市史』第6巻（赤穂市、1984）
赤穂市史編さん専門委員編『赤穂市史』第3巻（赤穂市、1985）
和歌山県警察史編さん委員会編『和歌山県警察史』第1巻（和歌山県警察本部、1983）

浜田稔也『幕末赤穂の一断面』（浜田稔也、１９８４）
笠谷和比古「近世の大名諸家における主君『押込』の慣行」（『史林』69巻1号、１９８６）
三谷百々『清和源氏　赤穂　森家』（赤穂市文化振興財団、１９９２）
信原潤一郎『鬼の武士道』（祥伝社、１９９７）
福永弘之「もう一つの『忠臣蔵』１」（『神戸文化短期大学研究紀要』第24号、２０００）
福永弘之「もう一つの『忠臣蔵』２」（『神戸文化短期大学研究紀要』第25号、２００１）
井上勝生『開国と幕末変革』（２００２、講談社）
赤穂市立歴史博物館編『藩儒村上氏　文久事件・高野の仇討』（赤穂市立歴史博物館、２０１７）

＊史資料については、そのままの引用ではなく、現代語に意訳して、読みやすくしている部分もある。ご了承ありたい。

# 仇討《あだう》ちはいかに禁止《きんし》されたか？「日本最後《にほんさいご》の仇討《あだう》ち」の実像《じつぞう》

二〇二三年一一月二〇日 第一刷発行

著者 濱田浩一郎《はまだこういちろう》



アートディレクター 吉岡秀典《よしおかひでのり》（セプテンバーカウボーイ）
デザイナー 榎本美香《えのもとみか》
フォントディレクター 紺野慎一《こんのしんいち》
校閲 鷗来堂《おうらいどう》

発行者 太田克史《おおたかつし》
編集担当 片倉直弥《かたくらなおや》

発行所 株式会社星海社
〒一一二-〇〇一三
東京都文京区音羽一-一七-一四 音羽YKビル四階
電話 〇三-六九〇二-一七三〇
FAX 〇三-六九〇二-一七三一
https://www.seikaisha.co.jp

発売元 株式会社講談社
〒一一二-八〇〇一
東京都文京区音羽二-一二-二一
（販売）〇三-五三九五-五八一七
（業務）〇三-五三九五-三六一五

印刷所 TOPPAN株式会社
製本所 株式会社国宝社




ISBN978-4-06-533851-3
Printed in Japan

278
SEIKAISHA SHINSHO

次世代による次世代のための

# 武器としての教養
# 星海社新書

星海社新書は、困難な時代にあっても前向きに自分の人生を切り開いていこうとする次世代の人間に向けて、ここに創刊いたします。本の力を思いきり信じて、みなさんと一緒に新しい時代の新しい価値観を創っていきたい。若い力で、世界を変えていきたいのです。

本には、その力があります。読者であるあなたが、そこから何かを読み取り、それを自らの血肉にすることができれば、一冊の本の存在によって、あなたの人生は一瞬にして変わってしまうでしょう。思考が変われば行動が変わり、行動が変われば生き方が変わります。著者をはじめ、本作りに関わる多くの人の想いがそのまま形となった、文化的遺伝子としての本には、大げさではなく、それだけの力が宿っていると思うのです。

沈下していく地盤の上で、他のみんなと一緒に身動きが取れないまま、大きな穴へと落ちていくのか？　それとも、重力に逆らって立ち上がり、前を向いて最前線で戦っていくことを選ぶのか？

星海社新書の目的は、戦うことを選んだ次世代の仲間たちに「武器としての教養」をくばることです。知的好奇心を満たすだけでなく、自らの力で未来を切り開いていくための〝武器〟としても使える知のかたちを、シリーズとしてまとめていきたいと思います。

2011年9月

星海社新書初代編集長　柿内芳文

SEIKAISHA
SHINSHO